U0030227

特殊奧運
——地板曲棍球——

特殊奧運桌球運動規則

■ 地板曲棍球項目

關於地板曲棍球：

地板曲棍球為室內曲棍球的一種，就像冰上曲棍球一樣，並且在籃球場般的平面地上舉行。如同其他的曲棍球種類，比賽時球員使用下端彎曲的球桿擊球，將球射入對方球門。

特殊奧林匹克地板曲棍球項目設立於 1970 年。

特殊奧林匹克地板曲棍球的不同之處：

國際特殊奧林匹克運動會（以下簡稱特奧會）為地板曲棍球的國際管理組織，因此所有規則都由特奧會制定。不過，在特奧會中地板曲棍球是一個特別的項目，因為此項目的所有分級中，比賽規則都一樣。特奧會的地板曲棍球還有一個重要的規則：除了守門員以外，所有的球員在場上的時間需要一樣。

相關數據：

- 於 2011 年有 71,998 位特奧會運動員參加地板曲棍球項目。
- 於 2011 年有 79 個特殊奧林匹克成員組織舉辦地板曲棍球比賽。
- 地板曲棍球為特奧會比賽項目中的團體運動。
- 2005 年後參加地板曲棍球的運動員增加了 130%。

比賽項目：

- 個人技術賽
- 團體賽
- 融合運動團體賽

協會／聯盟／贊助者：

國際特奧會地板曲棍球組織

特殊奧運分組方式：

　　每項運動和賽事中的運動員均按年齡、性別和能力分組，讓參與者皆有合理的獲勝機會。在特殊奧運中，沒有世界紀錄，因為每個運動員，無論在最快還是最慢的組別，都受到同等重視和認可。在每個組別中，所有運動員都能獲得獎勵，從金牌、銀牌和銅牌，到第四至第八名的緞帶。依同等能力分組的理念是特殊奧運競賽的基礎，實踐於所有項目之中，包括田徑、水上運動、桌球、足球、滑雪或體操等所有賽事。所有運動員都有公平的機會參加、表現，盡其所能而獲得團隊成員、家人、朋友和觀眾的認可。

1 總則

特殊奧林匹克運動會（以下簡稱特奧會）官方規則適用於所有特奧曲棍球比賽。Special Olympic. Inc. 是國際特奧會公司。請參閱 http://media.specialolympics.org/resources/sports-essentials/general/Sports-RulesArticle-1.pdf 第 1 條規則，以獲取有關行為準則、培訓標準、醫療和安全要求、分組、獎項、晉級要求，和融合運動規章。

2 官方活動

賽事範圍是為各種能力的球員提供比賽機會。主辦可以決定要舉辦的賽事以及（視情況所需）賽事管理辦法，教練負責培訓適合每位球員的技能和依照每位選手的能力選擇比賽項目。以下是特奧會中可用的官方賽事列表：

2.1 個人技術賽

1. （ISC）允許球員／團體決定自己在競爭環境中的技能水平。
2. 球員共參加五項比賽：球門射擊、傳球、控球、精準射擊和防禦（請參閱第 9 節）。
3. 每場比賽均以評分判定球員的能力水平。如果 ISC 和結合競賽一起進行，分數將用於決定排名。
4. ISC 還用於評估團體的能力水準，並利用 ISC 當作能力分級標準。整個團體在總教練的指導下執行五項 ISC 技能比賽。完成後，分數會記錄在團體名冊和技能評估表上，並提交給賽事委員會作為團體部分官方文件。

2.2 團體比賽

1. 傳統團體比賽允許傳統的特奧地板曲棍球隊互相競爭。如果一支隊伍幾乎由特奧球員組成，即為傳統體育隊。傳統團體可以為男子團隊、女子團隊，或男女混合隊。

2. 團體會根據他們在團體名冊和技能評估表的 ISC 分數紀錄進行分組。將依據這些分數進行預先分組，以確保和相同能力水準的團體競賽。

2.3 融合運動

1. 融合運動隊競賽允許融合特奧地板曲棍球隊互相競爭。一支由特奧球員及其合作夥伴所組成之隊伍即被視為融合運動隊。特殊規則適用於在同一時間比賽場上的合作夥伴數量，以及合作夥伴的年齡和能力。

2. 與傳統運動隊一樣，融合運動隊會根據其團體名冊和技能評估表中記錄的 ISC 分數進行分區，以確保他們的技能與他們將要競爭的團體相當。

3 球場

3.1 比賽場地

1. 建議的比賽場地最大為 35x20 公尺（114x65 英尺）和至少 24x12 公尺（80x40 英尺）（籃球場尺寸），且比賽場地之地面須為地板曲棍球的正確標記。

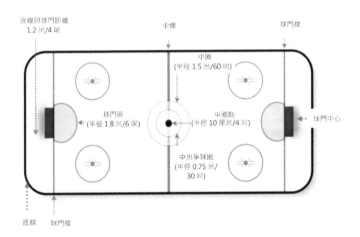

2. 比賽場地上不得有任何比賽過程中球員可能會遇到的突起處。

3. 比賽場地可以由線或邊界板界定。邊界板材料最好為 1.1-1.2 公尺之間高度堅固的材料製成。可以使用其他邊界板，但必須具有伸縮性（例如泡沫橡膠或硬紙板）以防受傷。如果沒有其他合適的材料，標記帶可代替邊界。

3.2　網和球門弧線

1. 球門的底端應設置在距離底線 1.2 公尺（4 英尺）處，以便球門後方移動。

2. 兩個球門的中心均須與比賽場地寬度的中心對齊。

3. 兩個球門的尺寸分別為 1.8 公尺寬、1.2 公尺高、0.6 公尺深（6x4x2 英尺）。冰上曲棍球的球門可以在此使用。球門的側面和背面必須有符合規定的網子。

3.3　中線和擊球圈

1. 中線為將比賽場地等分為二的線條。球門與底線會和中線等距。

2. 中心圓：垂直於中線的長度為 10 公分（4 英寸）的線，或半徑為 10 公分（4 英寸）的圓形標記在中心爭球圈。

3. 中心爭球圈：半徑為 0.75 公尺（30 英寸）且線寬為 5 公分（2 英寸）的圓，標記在中心圓之外。

3.4　爭球區

1. 爭球區：半徑為 1.5 公尺（5 英尺）的圓和線寬為 5 公分（2 英寸）的線，標記在球場中心爭球圈之外。

3.5　球門線和底線爭球圈

1. 球門線：每個球門門柱中間的一條寬度為 5 公分（2 英寸）的線，並延伸到球門弧線。

2. 球門弧線：球門弧線是從球門線中心延伸出來的一個半徑為 1.8 公

尺（6 英尺）的半圓形。

3.6　底線爭球圈

1. 底線爭球圈：底線爭球圈以半徑 10 公分（4 英寸）的圓點為中心標記，或在每個圓的中心標記一條長度為 10 公分（4 英寸）的線。每個比賽場地兩邊各有 2 個底線爭球圈；每個圈與球門線的中心呈 45 度角。每個底線爭球圈的中心點位於從中線到球場底線的中間，且距球場側邊 2.1 公尺（7 英尺）。

2. 舉例來說，如果比賽場地的尺寸為 15.24x30.5 公尺（50x100 英尺），每個底線爭球圈會位於距中線 7.6 公尺（25 英尺）和距球場側面 2.1 公尺（7 英尺）處所測量的一個點。如果比賽場地以 12x24 公尺衡量（40x80 英尺），每個爭球圈的中心為距離中線 6.1 公尺（20 英尺）和距球場邊 1.5 英尺（5 英尺）的交點。每個爭球圈半徑均為 0.75 公尺（30 英寸），並加上一條穿過爭球圈的中線，其與中線平行。

3.7　球員席與判罰區

1. 每個比賽場地均應配備供兩支球隊的球員使用的座椅或長凳，並且所提供空間均應一致。每區座椅或長凳須能容納每隊至少 16 人的座位，並應該緊鄰比賽場地且能靠近比場地的入口。

2. 球員席要與判罰區在比賽場地的同一側，但應與判罰區分開。如果情況允許，每個球員席應有兩個門。

3. 除穿制服的球員和 4 名球隊教練（1 名主教練和 3 名輔助教練）外，任何人不得進入提供的球員席區。

4. 球員席上的所有球員（包括候補守門員）均必須全程戴好頭盔。

5. 現場應有一個指定的判罰區。判罰區應位於得分／計時員席的右側和左側。

4　器具

4.1 球

1. 球是指中心有孔洞的圓形氈盤，具有以下尺寸：
2. 直徑：20 公分（8 英寸）
3. 中心孔：10 公分（4 英寸）寬，可用皮革加固
4. 厚度：2.5 公分（1 英寸）
5. 重量：140-225 克（5-8 盎司）

4.2 球桿

1. 除守門員的球桿外，其他球桿必須由木材和／或玻璃纖維製成的球桿，且符合以下尺寸：
2. 周長：7.5-10 公分（3-4 英寸）
3. 長度：90-150 公分（3-5 英尺）
4. 除守門員的球桿外，所有球桿的非手柄端（即底端）必須為圓滑邊。整支球桿必須有均勻的厚度，但是可以在球桿手柄頂部 0.6 公尺（24 英寸）處添加膠帶或其他材料以利握住球桿。球桿的手柄端厚度最多可以增加 0.5 公分（0.25 英寸）。球桿底部禁止使用膠帶、細繩，或其他讓球桿直徑超過 15 公分（6 英寸）的材料。

4.3 守門員球桿

1. 守門員的球桿應為標準冰上曲棍球的守門員球桿。守門員球桿的棍頭在任何時候的寬度不得超過 8.9 公分（3.5 英寸），球桿根的寬度不得超過 11.4 公分（4.5 英寸）；守門員的球桿從根到棍頭的長度也不得超過 39.3 公分（15.5 英寸）。守門員球桿上的棍頭曲斜率不能測量，而球桿所有其他的元素均應進行測量，並於違規時給予適當的處罰。守門員球桿從棍頭加寬部分向上延伸到桿身部分的距離不得超過 66 公分（26 英寸），並且球桿根的寬度不得超過 8.9 公分（3.5 英寸）。

4.4 防護裝備

1. 所有球員必須穿戴以下強制性防護裝備：
   （1）全罩頭盔
   （2）手套（即軟墊手套、曲棍球手套）
   （3）護脛（街頭曲棍球、冰上曲棍球、足球護衛）守門員允許穿著標準尺寸的冰上曲棍球守門員護墊，寬度不得超過 31 公分（12 英寸）
   （4）符合規定的運動鞋（例：跑鞋）
2. 建議球員穿戴以下建議的防護裝備：
   （1）護肘
   （2）運動輔助
   （5）護膝
   （4）守門員護胸
   （5）護齒器
3. 每場比賽之前，裁判將檢查設備是否正確。

5　管理人員

5.1　服裝

1. 必須有 2 名經過認證的幹事／裁判員穿著正式的服裝，例如：黑色的褲子和黑白條紋的裁判襯衫。

5.2　必要管理人員

1. 必須有 2 個記分員和 1 個計時員，記分員還須當門線裁判。請參閱官方提供的運動專用手冊。

6　比賽規則

6.1　比賽資格

1. 一個團體必須按照所有 SOI 的規則和條件參賽，參加完較低級別的

比賽（即國家、州、分會、地區）之後，才有資格參加下一個較高級別的比賽（即國際比賽）。

6.2　分組

1. 團體將根據團體名冊和技能評估表中記錄的（ISC）技能分數進行團體分組。

2. 在進行比賽之前，教練必須使用〈團體名冊和技能評估表〉（可通過特奧會 SOI 獲得）為每個球員提交 ISC 分數。團體得分的計算方法是將所有球員的得分相加，然後除以球員總數。

3. 最初會根據團體名冊和技能評估分數將團體分組。接下來會以評估和確定分組過程進行分類，以確保所有團體都能在其所屬之組別公平安全地進行比賽。

4. 在各組別分類中，團體進行一場或多場比賽，每場比賽持續至少9-12分鐘。每個團體都必須派出其團體名冊和技能評估表上的所有球員（包括候補守門員）進行比賽。

5. 完成組別分類後，將根據分組結果和分組委員會的評估對團體進行分組。傳統團體與傳統團體競爭，而融合團隊與融合團隊競爭。組別數是以團體總數以及確保優良比賽競爭性所決定的。

6.3　團體競賽

1. 球員和陣容輪換：

（1）比賽區域的團隊必須由 6 名球員組成：1 名守門員，必須站立；2 名後衛；3 名前鋒（1 名中鋒及 2 名邊鋒）。

（2）除了比賽最後兩分鐘（第 9 組）時，守門員可以移動到前鋒和球員的位置，整個比賽過程中都需要 1 名守門員。這只能在爭球或暫停比賽時進行。賽場上幫守門員補位的其他球員必須和其他球員在同一側內進行比賽，除了守門員，均不可越界。

（3）每個球員都必須穿一件具有醒目顏色和標記的球衣，球衣背面

含有 15-20 公分（6-8 英寸）的球員號碼。

（4）到比賽結束時，除了守門員可參與整場比賽之外，其隊友之間各人曾參與的節數相差不可多於一次。守門員可參與整場比賽或與另一個守門員替換。如果同一場比賽有兩名守門員，其中一人必須於其中一節比賽上陣。

（5）陣容輪換：請參考以下陣容輪換範例。

（6）參賽隊伍應至少由 11 名選手參加，最多由 16 名選手參加比賽。任何未包括在陣容中的球員必須列在計分表下，並列出他們沒有參與的原因。如果出現受傷、疾病，或是脫序行為問題造成必須將一名或多名球員從球隊陣容中移除，該隊則被允許以最少 9 名球員的團體進行比賽。如果一個團隊一場比賽無法出場 9 名或 9 名以上的球員數，則該團隊必須退出比賽。

（7）如果指派了兩名守門員，那他們每場比賽必須輪換。在每場比賽中他們可以在相等的機制上輪替。為了輪替順暢，兩個守門員都必須全程配備全套設備以減少比賽延遲。

（8）每支球隊必須在比賽開始前 10 分鐘向計分員提交批准的得分表。每個得分表必須包含球隊名稱、主教練、所有球員的姓名和個人編號，以反映球員的輪換。計分員應保留一份計分表副本，對戰球隊的教練應保留一份副本，然後將一份副本還給教練。如果得分表沒有按時上交，遲交的團體則可能會被判罰一分鐘時間。

（9）如果發生受傷、比賽不當，或其他需要更換球員或改變球隊陣容的情況，裁判將停止比賽、計時員將停止計時。球隊的教練將調整場上成員／陣容輪換，使守門員之外的每個球員都能以相同陣容比賽。如果同時發生 3 次或以上的判罰，則將允許在同一陣容內進行球員替換。替換期間計時將保持停止。

（10）如果在判罰過程中更換陣容，下一個陣容的球員將繼續承擔未判罰完的部分。如果受罰球員在下一個陣容進入比賽，那麼他必

須在下個陣容中服罰。如果受罰球員不在下一個陣容進入比賽，那麼教練將決定下一個陣容的一位球員來受罰。

（11）只有球員和 4 名球隊教練（1 名主教練和 3 名助理教練）可以坐在球隊的球員席內。沒有參與當前比賽（傷害、疾病，或有不當行為）的球員將列在得分表的下方。

（12）要取得參加更高級別的比賽（即國際比賽）的資格，一支球隊必須至少有 11 名球員參加過較低級別（即分會，地區）的比賽，以滿足 11 人賽事的國際規則。

6.4　比賽時間

1. 比賽分成三局，每局 9 分鐘，且每局之間有 1 分鐘的休息時間。第三局的最後 3 分鐘（第九陣容）應為暫停時間，除非兩位教練在開始這輪前都表示略過。每隊每局比賽都允許 1 分鐘的暫停時間。教練將用手示意「T」字樣，向裁判示意他們希望暫停比賽。暫停只能在死球時進行。

2. 每局進行 3 個陣容輪替。計時員將用喇叭／毛巾／哨聲指示輪換時間。比賽將在距離前暫停地點最近的爭球圈上以爭球的方式重新開始。

3. 每局都將從中心爭球圈爭球開始（第 1、4、7 輪如果需要的話也是）。

4. 每局比賽結束後球隊可能會換邊進攻。如果一支球隊要換邊，其主教練必須在比賽開始前通知裁判。如果兩隊都不要求換邊，則團隊將在整個比賽中停留在開始比賽那一側。

5. 比賽期間不停錶。但是，如果有進球或是裁判表示違規，比賽和計時錶都將暫停。裁判吹哨後，比賽將以徵求方式繼續進行。無論暫停、陣容更換，或是任何其他裁判命令的時候，計時錶都會停止。

6.5　爭球

1. 爭球會在以下情況發生：

（1）整場比賽和每局的開始均會於中央爭球圈爭球。

（2）每次比賽中斷後，除了進球外，均在最近的爭球圈爭球。

（3）每次進球之後在中央爭球圈爭球。

（4）受到輕微或重大判罰之後於進攻隊的防守端爭球圈爭球。

（5）當比賽場地附近球棍破裂或折斷而出現不安全狀況，或裁判員認為必須時，則會在距離球最近的爭球圈上進行爭球。

（6）如果進攻方的球員將球射超過球門或在進攻區域外出界，則將在中央爭球圈爭球。 如果球是由防守方球員射出界，則爭球會於離出界處最接近的爭球圈進行。

（7）球的中心有兩根或更多球桿且沒有球員能夠拿下球權時，會進行爭球。

2. 對於所有爭球，所有球員球桿和身體都必須完全站在其爭球線的兩側。只有兩名球員參加爭球。兩名面對面的球員都可以將其球桿的尖端放在爭球圈的同一側，只要雙方球員球桿的尖端位於爭球圈的相應一半即可。在爭球中，球員只能控制球，不得干擾對方球員的球桿。

3. 爭球的球員必須完全站在爭球圈之外。其球桿在爭球圈中必須與球等距離（請參見下圖）。且球桿必須「在側面」（在他們球隊於爭球圈中心線的那一側）。對於從中心圈爭球的情況，只有爭球員才

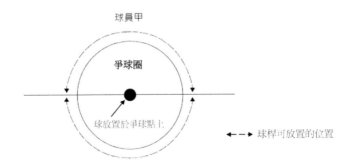

能進入爭球區，直到裁判吹哨為止。

4. 注意：球員 A 可位在其隊區域一側的任何位置；球員 B 可以位於其隊區域一側的任何位置。

5. 當裁判吹哨時，比賽開始。

（1）如果有聽力障礙的球員，裁判員應舉起手臂以表明比賽即將開始。然後裁判對著球鳴哨，同時放下手臂示意比賽開始。

6. 球必須被球桿掃出爭球區，期間球桿不能觸其球的中央部位。必須是爭球的球員將球擊出爭球圈而不是其他球員，且爭球的球員在球被擊出爭球圈以後可以繼續擊球。第一次掃擊以後，爭球的球員可以將球踢出爭球圈。

6.6 進球

1. 整個球必須越過球門線才能算進球得分，且必須在節或局結束哨聲響起以前球進到在球門中才算。每個進球計算得分為 1 分。

2. 進攻球員必須從球門弧線之外用球桿將球射入球門。在比賽中踢球是合法的，但是進攻隊員踢球入門是非法的。如果球被進攻球員或防守球員無意中打進球門中，則該球必須算有效進球。

3. 只要防守球員以任何方式將球射進球門，就可以算進球。

6.7 小犯規

1. 以下事件將導致比賽暫停，並在最近的爭球圈爭球：

（1）守門員將球向前扔給隊友。守門員可以將球以不超過 45 度的角度（在防守側的爭球圈後方）投擲。如果球投擲在防守方的爭球圈中間，則只能由對方球員拿到控球權。

（2）如果球員用手將球傳給隊員，除非對手球員觸摸或控制球，否則比賽將立即停止。

（3）一名球員站在球上。

（4）球員／守門員持球超過 3 秒鐘。

（5）球棍破裂或折斷。

（6）球員掉入球附近的區域。

（7）球門區犯規。每當進攻球員用他的身體或球桿穿越球門區（包括球門弧線）時，就會發生球門犯規。或是當防守球員用他的身體穿越球門區時，也算犯規。唯一被允許的情況，只有在防守球員為了將球挑離球門區時，才可以用球桿進入球門區。由以上情形產生的爭球應發生在進攻球員那一側。

2. 當防守隊員被吹了一個球門區犯規，且其隊沒有控球權時，裁判將舉起手臂示意「推遲犯規處罰」。直到防守方隊獲得對控球權後，比賽才會停止並在犯規方的防守區爭球。

6.8 超時

1. 超時應包括一局 9 分鐘的額外時間，並繼續定期輪替陣容。第一個進球的球隊將被宣布獲勝。如果在加時賽結束時，比分仍然相同並且不需要任何獲勝者即可完成比賽，則比賽將保持同分。如果必須要一隊獲勝，則遊戲將繼續進行直到進球為止。

7 處罰

7.1 輕微處罰／主要處罰

1. 輕微的處罰是對違規的球員處以 1 分鐘的判罰。最終爭球須在進攻隊防守端的爭球圈中進行。

2. 重大處罰：任何受到重大處罰的球員都應被請出比賽場地 2 分鐘，在此期間不允許任何球員替代。任何受到「重大」處罰的球員都將從比賽中退出。屆時裁判會停止比賽，計時員將停止比賽計時，主教練將調整比賽名冊／陣容的輪換，以便除守門員外每個球員都將在不同陣容中比賽。隊員應由隊友代替，並處以 2 分鐘的判罰。之後的爭球應在進攻隊的防守端進行爭球。即使在球隊人手短缺時而

發生進球的情況，被判罰的球員在 2 分鐘內仍無法返回比賽。

3. 注意：如果對守門員進行了主要處罰，則應將其記錄在其紀錄表上，並由一名替補球員擔任守門員。紀錄表應根據上述平等比賽規則進行調整。

7.2　抱人

1. 對以雙手、球桿，或其他任何方式阻礙對方球員前進的球員，應處以輕微處罰。

7.3　絆人

1. 對任何球員如將其球棍、腳、手臂、手肘、從前面或後面伸出腿（檢查腿），或身體的方式造成他的對手絆倒或摔倒，將處以輕微或主要處罰。

2. 注意：在暫停比賽的同時或之後發生的意外絆人不會被處罰。

3. 對於因絆倒別人，或經檢查腿確定犯規而被判罰的任何球員，應處以重罰。

7.4　衝撞

1. 對於用跑或跳方式衝撞對手之球員，將處以輕微或重大處罰。

2. 注意：如果為兩個以上的步伐或跨步撞到對手，則應視為「衝撞」。

3. 當球員因「衝撞」而受傷時，裁判別無選擇只能對犯規的球員處以重大處罰。

4. 對身體檢查通過確定有衝撞對手的球員應被判處輕微或主要處罰。

7.5　干擾

1. 妨礙非持球球員進攻或防守，將受到輕微處罰。

7.6　拖延比賽

1. 球員或守門員利用躺或站立在球上、將球占據或故意在比賽區域外用球桿擊球而延誤比賽以防止對方球隊得利，將受到輕微處罰。

2. 注意：如果球員或守門員在比賽停止後故意用球桿在比賽區域擊球或射門，則該罰則也適用。

3. 如果在比賽過程「主教練」以外的其他教練嘗試與裁判討論規則和規則解釋，則裁判可以用延誤比賽的名義對其輕微處罰。

4. 注意：如果球射到球員身體下或卡在其衣服或設備中，或其以跪下姿勢擋球的球員，不應受到處罰。

5. 注意：當球員不慎摔在球上或球附近時，比賽應停止。不得給予任何懲罰，並且應在最近的爭球圈進行爭球。

7.7 鉤人

1. 對於透過揮球桿用「鉤人」來阻礙或試圖阻礙對手前進的球員，將處以輕微或主要處罰。鉤人被定義為球員用其球桿減慢、停止，或指揮對手的動作。

2. 對因「鉤人」傷到對手的球員，將處以主要處罰。

7.8 砍人

1. 對任何用球桿砍或試圖砍對手的球員，將判處輕微或主要處罰。

2. 任何把對手砍傷的球員應處以主要處罰。

3. 注意：在沒有實際砍到的情況下向對手揮球桿（無論在範圍內還是範圍外），或者以玩球為藉口在大力揮桿的動作，裁判應將其以威脅對手的對象的「砍人」予以輕微或主要處罰。

4. 在任何爭執過程中向其他球員揮桿的任何球員應受到剔除比賽的處罰。

5. 注意：裁判應予以符合本規則與其他規則適當罰款，並應在紀錄表中作出報告。

7.9 踢人

1. 對踢或試圖踢人的任何球員或守門員，將判處輕微或主要處罰。

7.10 舉桿過高犯規

1. 球員／守門員的球桿必須始終保持在肩膀以下。對於任何違反此規則的球員，裁判可判處輕微或主要處罰。
2. 使用舉桿過高傷害對手的球員，將處以重罰。
3. 除了防守隊的隊員外，不允許以如此持球桿的方式進球。
4. 嚴禁將球桿舉高於球員肩膀打球。比賽發生時應立即停止比賽，應判罰並在違規球隊所在區域進行爭球。

7.11 粗暴犯規

1. 任何（例如）使用肘部或膝蓋以某種方式對對手造成傷害的球員，將被判處輕微或主要處罰。
2. 對因粗暴犯規而造成對手受傷的球員，將處以重罰。

7.12 守門員犯規

1. 超出守門弧線的守門員將受到輕微處罰。守門員的雙腳必須在守門弧線邊界內。
2. 守門員必須以站姿打球。如果守門員在比賽中坐下，躺下，跪在地上或將球桿沿地板水平握住。守門員將在第一時間被警告。守門員在撲救球的時候，可以摔倒在地上或撲倒球。
3. 注意：如果守門員離開守門弧線，而另一支球隊擁有球，則將受到延遲處罰。

7.13 從後阻擋／衝撞

1. 身體撞擊或從後面衝撞對手的任何球員，應被判處輕微或主要處罰。
2. 當球員因「從背後阻擋／衝撞」而受傷時，裁判別無選擇，只能對犯規的球員處以重罰。
3. 注意：從後面阻擋也可能被視為嘗試傷害對手或故意傷害對手之行為。
4. 任何從後追撞或從頭將其推擠撞向側板、底線板、球門框，或超出

界線的球員將處以重罰。

7.14 橫桿推擋

1. 對「橫桿推擋」對手的球員應處以輕微或主要處罰。
2. 注意：「橫桿推擋」是指兩隻手都放在球桿上，而球桿的任何部分都不在比賽場地的場面上的撞人方法。
3. 對任何蓄意「橫桿推擋」傷害對手的球員，將處以主要處罰。

7.15 侮辱裁判

1. 注意：在執行本規則時，裁判在很多情況下可以選擇「板凳輕微處罰」、「輕微處罰」或「主要處罰」。原則上，對於在球員席上或附近，以及比賽場地外發生的違規行為，裁判員應判處「板凳輕微處罰」或「主要處罰」，不論是否為球員都適用。對於在比賽場地或判罰區發生的違規行為，以及容易確定球員違規行為時，應處以「輕微處罰」或「主要處罰」。
2. 對任何裁判的判決提出質疑或提出異議的球員，均應因違反運動道德的行為而受到輕微處罰。如果球員不服從判決，應處以主要處罰。
3. 在哨聲後仍進行擊球動作的任何球員應被判輕微處罰，此罰則前提為如果裁判認為球員在哨聲響後有足夠的時間擊球。
4. 如果任何球員犯以下任何一項行為，則應向其球隊判處板凳區輕微處罰：
5. 球員在板凳區附近，對任何個人或任何裁判使用淫穢，褻瀆或侮辱性語言。
6. 在比賽進行中或暫停比賽期間，球員在板凳區或判罰區附近，將任何東西扔進比賽區域。

7.16 成績表 – 比賽開始

1. 對於在預定比賽開始前 10 分鐘未提交出賽表（出賽名單）的球隊，應判處板凳輕微處罰。

2.注意：當判輕微或重大罰則且陣容輪替發生時，由總教練從輪替下來的隊員中指定哪位球員應受罰。

7.17 規則澄清

1.如果該隊場上球員不足時，對方隊伍得分，則即使沒有完成罰球時間，被判罰的球員可以返回比賽。場上球員不得少於 4 名球員。如果在同一時間對 2 名以上的球員進行處罰，則應連續進行處罰。

2.注意：「場上球員不足」是指球隊在進球時實際低於其對手在場上的數字。請參閱以下案例：

3.因輕微處罰以致兩支球隊都發揮有同樣的實力。此狀況下無論進球與否，受罰球員將承擔所有處罰。

4.案例：A 隊受到輕微處罰並處於「場上球員不足」狀態，B 隊則在 30 秒後受到輕微處罰。兩支球隊都被認為是同等實力的球隊，直到那時 A 隊的罰球時間結束為止，B 隊將在處罰剩下的 30 秒內處於「場上球員不足」狀態。

5.如果守門員判輕微處罰，在處罰時在球場上比賽的隊友將為守門員頂替 1 分鐘的處罰。

6.如果對沒有控球權的隊員判罰點球，裁判將舉起手臂指示「延遲處罰」。在防守隊獲得控球權之前，比賽不會停止。處罰的起始應在比賽停止時制定。

7.球隊在比賽前，比賽中和比賽後的行為由主教練負責。如果裁判認為球隊的比賽手法過於粗魯或不當，則裁判將向主教練發出警告，然後主教練可能會因違反運動道德而受到 1 分鐘的處罰。如果問題仍然存在，主教練可能會受到 2 分鐘的主要處罰，並驅逐出場。

7.18 鬥毆

1.任何參加鬥毆的選手均處以主要處罰。

2.注意事項：根據此規則，裁判有很大的裁量權可以判處罰。故意這

樣做是為了使他能夠區分參與者鬥毆或持續鬥毆的程度。提供的處置權應確實可行。

3. 其他裁判員可能會評估為主要處罰的情況是：

4. 任何參與比賽場地比賽的球員在比賽前、比賽期間，或比賽結束如果有參與鬥毆事件，均處以主要處罰。

5. 最先爭執的任何球員或守門員，應處以主要處罰。此罰則是加註在其他罰責之上的。

7.19 故意傷害球員

1. 任何故意傷害或企圖傷害對手的球員，將受到主要處罰，並將情況報告給相關單位。

2. 任何故意傷害或試圖以任何方式傷害團隊教練或比賽裁判的球員，均應處以主要處罰，並將情況報告給相關單位。

7.20 三項輕微處罰

1. 在一場比賽中收到三次輕微處罰或板凳輕微處罰的球員將受到主要處罰，該場次不得再出賽。

8 融合比賽

8.1 名單

1. 名單應包含一定比例的特奧球員和融合運動夥伴。

8.2 陣容輪替

1. 比賽中，陣容輪替不能超過 3 個融合夥伴在場上。

2. 對於一般地板曲棍球隊，在 6.3.1 節中概述的平等比賽規則適用於包括守門員在內的所有球員。

8.3 教練

1. 每一隊需要 1 位非球員的主教練。

8.4 球員與融合夥伴組合

1. 曲棍球的融合運動訓練和比賽需要選擇具有相同年齡和能力的特殊奧林匹克球員和融合夥伴。運動員和融合夥伴能力不相當的團隊可能會造成重大傷害風險。

9 個人技術賽（ISC）

9.1 球門射擊

1. 目的：在時間限制下，評估球員的射擊準確性、力量，以及球員從任何角度得分的能力。
2. 設備：曲棍球桿、5 個球、膠帶、碼錶、球門。
3. 描述：球員從球門周圍五個不同位置射門得分。這 5 個定點，在距離 6 公尺長的射線底線外，這些射線從球門線中心的一個公共點開始。每條射線繪製為了使其與目標線延長或與先前繪製的射線形成 30 度角。運動員有 10 秒鐘的時間打擊所有球。在球員開始射擊之前，每個位置都應有一個球。
4. 計分：每一個完全越過球門線進入球門的球都得 5 分，且得分採計 5 次射擊的總分；最高分為 25 分。（如果射擊的球因擊中了先前的球而沒有進入球門，在裁判認為此射擊原本是一個射門的狀況下則可以授予全部 5 分）。
5. 示意圖

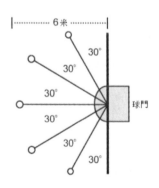

9.2　傳接球

1. 目的：評估球員對球的控制力和準確性。

2. 設備：地板曲棍球桿、球、膠帶、角錐。

3. 說明：球員從一條線後面傳 5 次傳球。球員試圖使球在距離傳球線 8 公尺的兩個角錐之間（相距 1 公尺）通過。

4. 計分：每次球完全越過兩個角錐之間的線時，應給球員 5 分。如果球擊中角錐並完全越過線，則應給球員 3 分。球員的總分是 5 次通過的總分；最高分為 25 分。

5. 示意圖：

□ 角錐

9.3　控球

1. 目的：評估球員的速度和處理球的能力。

2. 設備：地板曲棍球桿、球、6 個角錐、膠帶、碼錶、球門。

3. 說明：球員從起跑線沿角錐定義的路線控球，然後將球射向球門。距起跑線的距離應為 21 公尺，角錐應以 3 公尺的間隔直線放置。當球通過球門線時，停止計時。

4. 計分：從 25 秒減去消耗的控球時間。對於錯過的任何角錐，每個相減 1 分。如果球員進球，將獲得 5 分積分。

5. 示意圖：

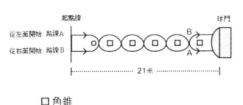

□ 角錐

運動員可以自由選擇路線A或B

9.4 準確度

1. 目的：通過將球射入球門的特定區域來評估球員的準確性、力量和得分能力。
2. 設備：曲棍球桿、球、球門、膠帶或繩索。
3. 說明：球員從距離球門 5 公尺並直接在球門前方的線後射門 5 次。如圖所示，用繩子或膠帶在球門內定義了 6 個部分。垂直繩索或帶子懸掛在每個球門柱的 45 公分處。水平繩索或膠帶在地板上方 30 公分處繫上。
4. 得分：
   （1）目標分為以下幾個主要部分：
   - 在任一上角進入球門的射門得分均為 5 分。
   - 在任一下角的任何一個射門得分均得到 3 分。
   - 在中上部進入球門的任何射門均得 2 分。
   - 在中下部進入球門的任何射門均得 1 分。
5. 除非繩或膠帶阻止球越過球門線，否則每次射擊必須完全越過球門線進入球門才算分，球員才能得分。在被阻止的情況下，給予部分分數。分數是這 5 個射門的總分；分數最高 25 分。
6. 示意圖：

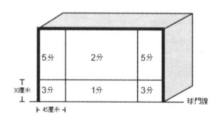

9.5 防守能力

1. 目的：評估球員的防守相關技能，例如：偷球、施壓持球員（Opponent）、球桿干擾、停留在對手之間。
2. 裝備：3 支曲棍球桿、3 顆球、4 個角錐、碼錶。

3. 說明：球員有 2 次機會嘗試從兩個持球員手中搶走球（獲得控球權）。
   這些持球員要甩開與被測試球員間的距離。球員每次都有 15 秒的時
   間嘗試截走持球員在半場比賽區域的爭球圈（12x12m）中所傳遞的
   球。

4. 得分：每次搶球成功可得 10 分（每次嘗試可搶球 1 次）。如果球沒
   有被偷走，球員可能得到最高分：

   • 壓迫持球員得 1 分
   • 試圖保持在持球員之間得 1 分
   • 試圖用球桿干擾持球員得 2 分
   • 最高 20 分

5. 示意圖：

6. 注意：教練應讓能力相近的持球員同時
   出賽。

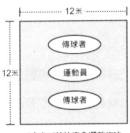

2次各15秒的機會攔截傳球

9.6　成績總和

1. 球員的最終分數是將個人技術競賽中 5 項賽事的每項分數相加而得
   出。

特殊奧運地板曲棍球教練指南
地板曲棍球訓練與賽季規劃

目錄

■ 地板曲棍球教練指南

致謝

特殊奧運對安納伯格基金會（Annenberg Foundation）的支持深表謝意。安納伯格基金會贊助了本指導原則和資源的製作，也實現特殊奧運造就卓越教練群的全球目標。

The ANNENBERG FOUNDATION

Advancing the public well-being through improved communication

特殊奧運也向協助製作本地板曲棍球指導原則的專家、志工、教練、與球員們致謝。他們幫助我們完成特殊奧運的使命：為 8 歲以上的智能障礙人士提供各種奧林匹克型體育活動全年的運動訓練和競技比賽，使他們持續有機會發展健康體能，展現勇氣，體驗快樂，參與並與家人分享他們的天分、技巧和友誼。

特殊奧運歡迎您提出看法與意見，以便將來對本指導原則進行修訂。如果因任何理由而疏忽了對您的答謝，我們深表歉意。

特約作者

卡拉・卡帕爾多，北加州特殊奧運會

克里斯・戴，特殊奧運會地板曲棍球資源小組

吉姆・戴，特殊奧運會地板曲棍球技術代表

蘭迪‧克萊，北加州特殊奧運會

戴夫‧雷諾克斯，特殊奧運會

克里斯‧羅根，紐約特殊奧運會

楠西‧羅根，紐約特殊奧運會

萊恩‧墨菲，特殊奧運會

特別感謝以下人士提供的所有幫助和支持

弗洛依德‧克洛斯敦，特殊奧運球員

尼爾‧強生，總裁兼首席執行官，紐約特殊奧運會

卡爾拉‧西里雅尼，特殊奧運會

凱莉‧華爾斯，特殊奧運會

保羅‧威查得，特殊奧運會

紐約特殊奧運會

北美特殊奧運會

紐約特殊奧運會球員出演的影片片段

傑佛瑞‧艾黛爾森－ #10

艾倫‧貝卡瑞里－ #20

強納森‧貝卡瑞里－ #24

梅爾‧布朗－ #1

約瑟夫‧卡拉寇－ #14

麥可‧寇斯帝落－ #22

理查‧唐尼－ #2

約翰‧強納庫洛斯－ #13

麥可‧哈特利－ #5

謝恩‧霍曼－ #30

丹妮爾‧奧蘭蒂－ #15

史黛西‧莉斯寇－ #23

安琪・利委拉－ #3

理查・洛森－ #11

金伯莉・凡史力克－ #12

艾伯特・貝卡瑞利－教練

目標

對每位球員而言，實際又具挑戰性的目標對於訓練和比賽中的動力來說都很重要。目標可以建立並推動培訓和競爭的策劃，幫助球員更有自信心並有動力地參與有趣的運動。有關目標設定的其他資訊和練習，請參見〈指導原則〉。

設定目標的好處

增強球員的體適能

教導球員自律

教導球員其他活動也需要的技巧

提供球員自我表達與社交互動的方法

目標設定與動機

藉由設定目標發展自信

藉由在與比賽狀態相似的環境中重複練習來達到練習目標，並樹立信心。設定目標是球員和教練之間共同努力的結果。目標設定的主要功能包括：

1. 目標需要有短期、中期、與長期的整體架構。
2. 目標應被視為成功的踏腳石。
3. 目標需要是被球員接受的。
4. 目標應有不同的難易度－由簡到難。
5. 目標應是可測量的。
6. 目標應可用來制定球員的訓練跟比賽計畫。

不管有沒有智能障礙的球員，短期目標比起長期目標更容易使他們有動力；然而，不要害怕挑戰他們，讓球員參與設定目標的過程。比如

說，問球員：「你今天想進幾顆球？我們來看看上次的練習你進了幾顆球。你的最佳紀錄是什麼呢？你覺得你可以做到什麼程度呢？」教練本身知道為何要讓球員參與目標設定也很重要。以下為有可能影響動力與目標設定的因素：

- 年齡適度
- 能力程度
- 準備程度
- 球員表現
- 家庭影響
- 同儕影響
- 球員喜好

表現目標與成果目標

有效的目標側重於技能表現過程，而非成果。技能表現過程是球員可控制的，成果常常是由別人控制的。一位球員有可能表現出色卻輸了比賽，因為其他球員表現更好；相反的，一位球員有可能表現得很差卻贏得比賽，因為其他的球員較他於遜色。如果一位球員的目標是在一場比賽中得兩分，那麼比起贏得比賽，他更握有達成目標的掌控能力。表現目標最終能給予球員更多的掌控能力。

透過設定目標建立動力

過去三十年中，設定目標已被證明是動力開發最簡單又有效的方法之一。雖然此觀念並不新穎，現今對於設定目標的技術又已更精準與清楚。動力是有需求與滿足需求之間的努力，該如何提升球員的動力呢？

1. 當球員學習遇到困難時，提供他們更多的時間與陪伴。
2. 技術程度上的小成就也給予獎勵。
3. 在比賽結果的輸贏之外發展出別的成就的方式。

4. 讓球員知道他們對你來說很重要。

5. 讓球員知道你為他們感到驕傲，並對他們做的事情感到興奮。

6. 讓球員擁有自我價值。

目標可以給予我們方向。它讓我們知道什麼是需要被完成的，並增加我們的努力、耐力、與表現的品質。建立目標這件事也需要球員與教練共同決定達成的方法。

可測量並夠具體

有效的目標是具體並可測量的。如果設定的目標只是「我要盡力做到自己的最好！」或是「我想要進步！」那太模糊也難測量。雖然聽起來極其正面，但是這樣的目標很難，甚至不可能去評估它是否已達成。以一至二周前所測量的成績為基礎來設定可測量的目標，這樣才有可能達成。

困難，但可行度高

有效的目標是具有挑戰性的，但並非有威脅性的。一個有挑戰性的目標是有相當的困難度，但是透過適當程度的時間與練習，這個目標是可以被達成的。一個具有挑戰性的目標是超乎球員當時能力所及的範圍，而可行度的高低需要透過判斷才能決定。以一至二周前所測量的成績為基礎來設定可測量的目標，這樣才更有可行性。

長期與短期的目標

長期與短期的目標都可以提供訓練的方向，但是短期目標有較大的動力效果。短期目標可以達成的時間較短，可視為長期目標的墊腳石。可行度低的短期目標也比較容易辨識，一旦辨識出一個目標是不可行的，可以在消耗更多練習時間之前，趕緊修正。

正向與負向的目標

正向目標指的是能做什麼，而負向目標讓我們著重於想要避免或消除的錯誤。正向目標需要教練與球員共同決定該如何達成。一旦決定了一個目標，球員與教練需要決定具體的策略與技巧來實踐目標。

設定優先順序

有效目標的數量是有限的，對球員來說意義重大。設定有限的目標，需要由教練與球員共同決定什麼是重要的和基礎的，球員才能持續進步。設定一些選擇過的目標可以讓球員與教練精準的紀錄進度，並避免有太多瑣碎的紀錄。

共同目標設定

當球員下定決心要實踐目標，目標設定是個激發動力很好的方式。如果只是強加目標或是並沒有經過球員參與目標設定的過程，通常是無法增進動力的。

設定特定的時間點

有時間性的目標會讓球員有緊迫性。設定具體的目標日期可以消除一些不切實際的想法，並澄清哪一些目標是可行的。設定時間點尤其對高風險的運動重要，因為恐懼通常會拖延新技能的學習。

正式與非正式的目標設定

有些教練與球員認為目標是需要使用練習以外的時間，藉由正式開會來決定的，並需要長時間的評估才能決定。其實教練們長年以來都會透過設定目標來鞭策球員，只是現在的目標設定比起以往較為具體。

球隊與個人目標

雖然球隊目標對團體運動來說看似很重要，事實上球隊目標是由個人目標與責任組成的。每一位球員都需要達成這些目標與責任，球隊才會進行順利。

目標設定領域

　　當球員被要求設定目標，他們通常會專注在學習新技能或是比賽中求表現。教練很重要的一個工作就是拓展球員這樣的認知，如此一來，設定目標是有效的。目標可以增強體能、提升出席率、增加練習強度、推動運動家精神、發展球隊精神，以及找到更多的自由時間或建立一致性。

目標設定總結

　　設定目標是球員與教練共同的功課，以下為設定目標時的重點提醒：

建立短期與長期目標

- 往成功的墊腳石
- 需要經過球員本身的同意
- 有難易度
- 是可被測量的

短期目的

- 在愉快的環境下學習地板曲棍球

長期目標

　　球員學會基礎地板曲棍球技巧、球場上適當的社交禮儀，以及參加比賽的規則與知識。

評估目標清單

1. 寫下目標。

2. 目標是否有符合球員需求？

3. 目標是否用正向敘述的句子？

4. 球員是否擁有目標的掌控能力？

5. 目標是否為表現目標而非成果目標？

6. 目標是否讓球員感到重要並且想努力達成？

7. 有什麼可能阻礙球員達成目標的事情嗎？

8. 球員需要學習什麼？

9. 球員有可能承擔什麼樣的風險？

地板曲棍球賽季規劃

一個賽季中，球員有許多需要學習的技能。整個賽季的訓練計畫可以幫助教練以有系統的方式來介紹各種技能，以下的計畫表是兩周為一期的模式架構而成的。請記得：每次的練習都個別給守門員 10-15 分鐘的個別練習。如果沒有助理教練，這有可能需要在練習前後進行。

基礎訓練	
球員將裝備戴上 熱身 第一項練習 喝水休息 第二項練習／爭球練習 緩和運動 球員將裝備收好	
賽季前	
第一周	球員／家長會議 第一項練習：使用個人技能比賽來評量球員們 第二項練習／爭球練習：完成個人技能比賽評量
第二周	第一項練習：傳球與接球 第二項練習／爭球練習：躲避球
賽季中	
第三周	第一項練習：檢查球桿與開球陣式 第二項練習／爭球練習：二對二練習
第四周	第一項練習：紅綠燈與偷培根練習 第二項練習／爭球練習：練習射門
第五周	第一項練習：球員評估：小型比賽，所有球員都上場 第二項練習／爭球練習：使用評量結果，讓球員反覆練習需要練習的技能
第六周	第一項練習：掩護球門 第二項練習／爭球練習：傳球後移動練習
第七周	第一項練習：三角練習 第二項練習／爭球練習：打一場完整比賽
第八周	第一項練習：四角落練習 第二項練習／爭球練習：打一場完整比賽

確認地板曲棍球賽季時程

確認與評估完場地後，你現在準備好可以確認練習與比賽的時程了。發布練習和比賽時程給有興趣的單位是件重要的事情，可以幫助社群更了解特殊奧運地板曲棍球的相關活動。

- 各相關單位代表
- 當地特殊奧運會組織
- 志工教練
- 球員
- 家屬

練習與比賽的時程應包含以下資訊：

- 練習日期
- 練習開始與結束時間
- 練習地點
- 比賽日期
- 比賽開始與結束時間
- 比賽地點
- 聯絡姓名與電話

地板曲棍球的訓練要素

　　特殊奧運的球員對於簡單且有組織的練習程序會有良好的反應，因為他們會熟悉這樣的練習程序。有組織的訓練計畫並提早到場地作準備可以幫助有效運用時間。以下為基本訓練計畫：

熱身

- 每一位球員都要熱身。
- 每一組肌肉都需要伸展。
- 讓球員帶操，必要時，由教練一旁輔助。

技能指導

- 快速複習已學過的技能。
- 介紹當天的練習主題。
- 以熱情活潑的方式簡單示範主題技能。
- 可以的話，分成小組練習。
- 必要時，輔助並提示能力較低的球員。
- 於練習前半段介紹和練習新技能。

比賽經驗

- 球員在比賽中可以學到許多經驗。
- 利用一對一或是三對二的練習來指導基本技能。
- 利用爭球練習來教導比賽技巧與球隊合作。
- 儘量以好玩又有競爭性的活動來做每次練習的結尾。

緩和

- 慢跑、走、拉筋。
- 球員在拉筋時，針對當日練習或是下次練習表現給予講評。
- 以喊球隊口號結束練習。

訓練注意事項

- 設計訓練、運動與技能練習時，應考慮到每位球員與球隊的優勢與劣勢，並選擇能讓球員進步的活動。
- 讓練習變得有趣。設計可以讓球員專注的練習。利用球員喜歡的運動和練習，減少負擔並樹立正向的球隊態度。練習的設計，要足以提高球員技能水準，不至於讓球員感到厭煩。
- 長話短說，簡短扼要地說明比冗長的解釋還要好。
- 願意創造並修改練習來符合球隊的需求。能力好的球員很快能駕馭技能時，可以加入新的變化讓練習變得有挑戰。
- 介紹新的技能與技巧時，也要複習基本動作。反覆練習基本功是讓球員的技能進步很好的方式。
- 於練習的前半段就介紹新的技能，因為此時球員們還很有精神，專注力也足夠。練習新的技能幾回之後，再加上較複雜的練習跟比賽演練。
- 用技能練習與爭球練習來鼓勵球員之間的溝通與團隊合作。
- 最重要的一件事：一切都需要完善的規劃。

訓練前的準備

訓練計畫

訓練可以讓教練指導、球員犯錯、增強體能、練習比賽策略與技巧，以及準備下一次的比賽。一個成功的訓練計畫可以打造一個成功達標的環境。設計練習時，務必將目標謹記在心，需要好好安排每個階段的訓練時間，但是也希望要依照狀況做調整。

裝備架設

每一次練習前，要先決定練習項目的順序與架設裝備的地方。如果可以，在練習開始前就先架設好。練習開始後，你也可以指定小隊長幫你整隊帶領練習，同時也於球隊裡塑造領導者。

訓練計畫表單範本

日期：	地點：	時間：
目標：		

熱身—讓身體動起來

領導者：	活動：	裝備：

球隊談話—讓球員知道你對本日練習的期許。

本日目標	
前次技能複習	
本次新技能學習	

技能發展—用有趣的遊戲與練習加強學習。好玩一下！

領導者：	活動：	裝備：

休息—提供球員水並開始本日爭球練習。

加強本日練習	

爭球練習—重點複習上周與本周的新技能。

前次技能	
新技能	

球隊談話—重點複習爭球的新技能。

爭球第一課	
爭球第二課	
複習上周的技能	

收操—練習結束，讓身體冷卻下來。

領導者：	活動：	裝備：

執行成功的訓練課程準則

□ 指派助理教練的職務與責任，讓他們協助您的訓練計畫。

□ 如果可以的話，在球員到場前把所有裝備與練習點準備好。

□ 介紹教練團與球員們。

□ 與大家複習訓練計畫，若有任何行程上的變化，要通知球員。

□ 若有天氣或是場地設施的變化，適度改變計畫，並留意球員的需求。

□ 球員無聊或是失去興趣以前，換下一個活動。

□ 安排短暫的練習與活動來維持球員的注意力。

□ 讓練習的最後一個活動是有挑戰性又好玩的，球員會期待下一次的練習。

□ 一個活動進行順利時，在大家興致滿滿時喊停是有幫助的。

□ 練習結束前，為當日練習做總結並宣布下次練習流程。

□ 所有的練習活動都要以好玩為出發點。

執行安全的訓練課程準則

儘管風險很小，但是教練有責任確保球員了解、理解、與尊重地板曲棍球有可能帶來的風險。球員的安全與健康是教練的首要考量。地板曲棍球通常不是危險的運動，但是運動傷害依然有可能發生。主教練有責任提供球員安全的環境，並減少球員任何受傷的可能。

1. 在第一次練習就樹立好清楚的規則，並強力執行這些規則。
   - 自己的手跟球桿要管理好。
   - 聽教練的話。
   - 聽到哨聲響起，停、看、聽。
   - 要離開練習場地之前，先請示教練。
2. 天氣欠佳時，立即啟動雨備計畫，帶球員離開天氣不佳的現場。
3. 鼓勵球員自備水。
4. 隨時準備好齊全的急救箱，必要時補充庫存。
5. 所有的教練與球員都要經過緊急狀況演習訓練。
6. 查看急救和緊急處理程序。在訓練和比賽期間，建議要有會心肺復甦術的人員在場。
7. 巡視場地並移除不安全的物品，尤其注意雜物繁多的室內體育館，移除任何球員有可能撞到的東西。
8. 練習開始前要適度地暖身與伸展，以預防肌肉受傷。練習結束時也要收操伸展。
9. 訓練球員增強體能。體能好的球員較不容易受傷，訓練最好儘量是動態的。
10. 球員在做面對面練習時（如一對一練習）時，確認雙方的能力是相當的。
11. 要求所有球員都穿戴護具，也建議戴護齒器。

選擇隊員

傳統特殊奧運或特奧融合運動成功的關鍵之一就是選擇適當的球隊成員。以下提供主要的注意事項：

能力分組

傳統或聯合地板曲棍球中，球隊合作最佳的狀態是當所有的隊員有程度相近的技能，地板曲棍球球隊應該由能力相當的隊員組織而成。具有能力過於優越的隊友或融合運動夥伴在場上時，比賽會由他們主導。這兩種狀況都會減少球員間互動和球隊合作，場上球員無法得到真正的競賽經驗。

年齡分組

- 所有的隊員應儘量年齡相似。
- 21 歲以下的球員，年齡差介於 3-5 歲。
- 22 歲以上的球員，年齡差介於 10-15 歲。

在融合運動中打造有意義的參與

融合運動秉持著特殊奧運的理念與原則，為了提供球員與運動夥伴有意義的參與經驗，每一位隊員都應發揮作用，並有機會為球隊貢獻。另外，所謂有意義的參與，指的是融合運動球隊內的互動與競爭品質。球隊中有意義的參與可以確保每位球員都有正向有益的體驗。

有意義的參與指標

- 隊員於競賽中沒有造成自己或是別人的受傷。
- 隊員於競賽中遵守比賽規則。
- 隊員有能力與機會為球隊貢獻。
- 隊員知道如何與其他隊員合作，並讓能力較差的隊員進步。

何時無法達成有意義的參與

- 比起其他隊員擁有較強的能力。
- 在場上當起教練,而非隊員。
- 在關鍵時刻操控比賽。
- 平時練習不出席,只出席比賽。
- 為了不讓別人受傷或是控制比賽,而隱藏自己的能力。

特殊奧運地板曲棍球教練指南
地板曲棍球技能教學

目錄

熱身

　　熱身是練習或準備比賽時的第一個環節。熱身要慢慢地開始，逐漸動用到所有的肌肉群和部位。除了可以讓球員心情上準備好要運動，熱身也有一些生理上的益處。

　　運動前的熱身是不容忽視的，它可以讓體溫升高，讓身體裡的肌肉、神經系統、肌腱、韌帶，與心血管系統準備好接下來的各種伸展動作與運動。肌肉有彈性可以大幅減少受傷的機率。

熱身：

- 提升體溫。
- 增加代謝率。
- 增加心臟與呼吸率。
- 預備讓肌肉與神經系統做運動。

　　熱身是針對接下來要進行的活動制定的。熱身始於動態活動，進階至較劇烈的運動，以提高心臟、呼吸、代謝率。一套完整的熱身需要至少 25 分鐘，並安排在練習或比賽之前。熱身應包含以下基本程序：

活動	目的	時間（至少）
有氧慢走、慢跑、快走、快跑	活熱肌肉	3-5 分鐘
拉筋	增加身體可以伸展的範圍	5 分鐘

有氧熱身

慢走／慢跑

　　慢走／慢跑是第一項運動。球員透過快走／慢跑來活熱肌肉。這時血液循環通過所有的肌肉，讓肌肉有更大的伸展彈性。熱身唯一的目的

就是循環血液並活熱肌肉，為接下來更劇烈的運動做準備。

快跑

　　快跑是第二項運動。球員滿跑三至五分鐘便可開始活熱肌肉。這時血液循環通過所有的肌肉，讓肌肉有更大的伸展彈性。但是，跑步從開始到結束，不可超過球員能力的 50%。切記：這個階段的熱身唯一目的就是循環血液並活熱肌肉，為接下來更劇烈的運動做準備。

拉筋

　　拉筋是熱身裡最重要的關鍵之一。柔軟的肌肉是健康又強壯的，強壯的肌肉在運動中反應會比較快，並有助於防止受傷。請參閱〈拉筋〉章節內更多詳細信息。

拉筋

　　靈活性對於球員在訓練和比賽中的最佳表現是很關鍵的，球員可以透過拉筋來增加肌肉的柔軟度。在練習或比賽開始前，進行一些簡單的拉筋，再開始有氧慢跑。

　　從輕鬆拉筋開始，在感受到肌肉被拉開之後，保持該姿勢 15-30 秒，直到拉力減小。拉力減輕時，緩慢得進一步到更深的伸展，直到再次感受到肌肉被拉開，並保持在這個新位置 15 秒鐘。每個拉筋動作應重複 4-5 次。

　　拉筋中的持續呼吸也是很重要的。當您彎下身拉筋時，呼氣。達到伸展點後，維持伸展姿勢並自然呼氣與吸氣。拉筋應成為每個人日常生活中的一部分。每天進行拉筋已被證明有以下效果：

1. 增加肌肉與肌腱的長度。
2. 增加關節的活動範圍。
3. 減少肌肉緊繃。
4. 讓您注意到自己的身體。
5. 促進體內循環。
6. 讓您感受良好。

　　有些球員，譬如說唐氏症患者，有可能肌肉張力較弱，以至於他們看起來身體較柔軟。要小心勿讓這些球員過度拉筋。有一些拉筋動作對於某些球員來說是危險的，並不應該在日常的拉筋步驟裡。以下為不安全的拉筋動作：

- 脖子往後彎
- 體幹往後彎
- 脊椎捲曲

只有在正確的執行下，拉筋才會有效。教練需要協助球員姿勢正確。以下腿伸展為例，許多球員並沒有朝著腳在跑步時的方向伸展。

不正確　　　　　　　正確

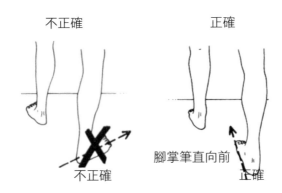

腳掌筆直向前

另一個常見的拉筋錯誤是為了伸展到臀部肌肉而將背彎曲。以下的例子是一個簡單的坐姿體前彎伸展。

不正確　　　　　　　正確

本指導原則會將重點介紹主要肌肉群的基本伸展。過程中，也會提供一些地板曲棍球特定的伸展動作，順序由上身部位往下至腿和腳。

上半身

開胸

雙手於身體後緊扣，掌心向內，雙手舉向天空。

側彎

雙手舉至頭上，緊扣前臂，向一方側身。

側手臂彎曲

雙手舉至頭上，緊扣手掌，掌心朝上向天空推去。若球員無法將手掌扣住，可以讓他們將掌心推上天空即可。

軀幹扭轉

靠牆壁站直，轉身，讓掌心於身體另一側碰觸牆壁。

三頭肌伸展

雙手舉至頭上，右臂向下彎曲，將手臂放置背後。輕輕地用左手將右手肘往下壓至背中央。換邊重複動作。

肩膀伸展

雙手舉至頭上，右臂向下彎曲，將手臂放置背後。輕輕地用左手將右手肘往下壓至背中央。換邊重複動作。

胸部伸展

雙手扣於脖子後方，將手肘往後推，背部保持挺直。

這是一個簡單的伸展動作，但是球員也許感受不到伸展。然而，此動作可以將胸腔與肩膀內側的肌肉拉開以準備接下來胸部與手臂的運動。

脖子伸展

將脖子由肩膀的一側滾至另一側，注意下巴應全程接觸到身體。

請勿讓脖子繞整個圓圈，因為有可能導致過度伸展。

指示球員將脖子彎至右邊、中間、左邊。請勿指示球員將脖子往後仰。

下背部與臀肌

腳踝交叉伸展

呈坐姿,將雙腿打直於腳踝交叉,並將雙手往前伸。

內縮肌伸展

呈坐姿,雙腿腳底板合併,握住腳板或腳踝。上身往前彎曲,確認球員的下背部有打直。如圖,球員正確地將胸往腳的方向下壓,而非將腳趾往身上提。

髖關節伸展

於地上躺平，雙手伸展至身體兩旁，並將膝蓋帶至胸前。慢慢地將膝蓋往左側放（呼氣），將膝蓋帶回胸前（吸氣），慢慢將膝蓋往右側放（呼氣）。注意雙膝要合併才能有效地伸展臀部肌肉。

大腿後肌伸展

於地上躺平，雙腿伸直。將雙腳帶到胸前，一次一隻。動作變化，可以雙腳同時帶來胸前。

下犬式

呈跪膝姿勢,雙手位於肩膀正下方,膝蓋於臀部下方。抬起腳跟,以腳指頭支撐身體。試著慢慢地將雙腳跟交替著往地上壓,這是對下背部而言很好的伸展動作。將一腳交叉放在另一腳後方,另一腳保持在地上,之後換腳。這是可以防範小腿抽筋很好的伸展動作。

63

下半身伸展

小腿肌伸展

一腳往前微彎，後腳腳踝彎曲，球員也可面對牆壁或是圍牆。

小腿肌屈膝伸展

兩腳同時彎曲可以減少壓力。

大腿後肌伸展

雙腳往前合併伸直，雙腳並非鎖死。於腰部將身體往前彎，柔軟度高的話，可以試著抓雙腳。腳指頭由腳跟往上朝向天空。

坐姿體前彎伸展

雙腳打開，於腰部將身體彎曲。上身由中間往前延展，背打直。

跨欄伸展

跨欄伸展中，正確地調整前腿的位置很重要，腳必須與跑步的方向對
齊。彎曲膝蓋，右腳的腳底板碰至左腳的大腿。左伸直，腳趾朝天，由
腳跟施力將腳趾朝天。由臀部將身體往前彎，手碰至腳或是腳踝，將胸
部往膝蓋壓去。完畢後換邊做。

大腿前肌伸展

站直，腳底板踩平在地上，膝蓋往後彎，手抓腳踝。將腳往臀部拉近，
不要扭曲站直的膝蓋。此伸展可以由自己完成，也可以扶同伴或牆壁。

體前彎

站直並將手往頭上舉，由腰部將上身往前彎。將雙手垂放至腳踝旁，手指向腳。

拉筋－快速指南

輕鬆地開始

等球員都已放鬆，肌肉也活絡後再開始。

有系統地規劃

拉筋由上半身進行到下半身。

由大肌群轉為特定肌肉部位

由大區塊開始拉筋，後而進入到特定運動所需之肌肉部位。

由簡單到深入

拉筋的進度應是緩慢的。

勿為了拉筋更深層而做彈跳或是大力拉扯的動作。

多樣化

讓拉筋有趣，用不同的練習來伸展同樣的肌肉群。

自然呼吸

不要憋氣；冷靜放鬆。

容許個人不同的進度

每位球員剛開始的能力與進步的速度會有所不同。

規律地拉筋

練習應包含前後的拉筋時間。

在家裡也可以拉筋。

緩和

　　雖然緩和與熱身一樣重要，卻常常被忽視。突然地停止一項活動會讓球員身體裡原本快速的血液循環淤積，並讓代謝突然變得緩慢。這有可能造成特奧會球員抽筋、肌肉痠痛等其他的問題。緩和是為了讓體溫與心跳逐漸下降，並且幫助身體快速恢復，有助於下一次的練習或是比賽。緩和運動也是教練與球員談話的時間，以及拉筋很好的時機，因為肌肉尚有熱度，伸展容易。

活動	目的	時間（至少）
有氧慢跑或快跑	降低體溫與心跳	5 分鐘
輕微拉筋	代謝掉肌肉裡的廢物	5 分鐘

持桿

　　掌控球桿是地板曲棍球最重要的事情。如果沒有教球員如何持桿，教練無法教會球員地板曲棍球。

您的球員可以做到	從未	偶爾	時常	總是
拿起球桿並知道哪一端在下方	☐	☐	☐	☐
單手掌控球桿	☐	☐	☐	☐
雙手掌控球桿	☐	☐	☐	☐
傳球給另外一位球員	☐	☐	☐	☐
傳球給另外一位球員並無球桿過高	☐	☐	☐	☐
移動中有辦法換手持球桿	☐	☐	☐	☐
為了下一個動作改變握法	☐	☐	☐	☐
有辦法不看球運球	☐	☐	☐	☐
看著一邊，但傳球去不同方向	☐	☐	☐	☐
在場上控球	☐	☐	☐	☐
用球桿干擾對手	☐	☐	☐	☐
射門	☐	☐	☐	☐
射門並無球桿過高	☐	☐	☐	☐
拋球射門	☐	☐	☐	☐
總結				

球員的程度

初級程度的球員對於球桿的掌控範圍非常有限。他們很少能球桿接球，也有可能傳球時揮空。他們的握法會隨著每次練習而改變，也有可能換側。他們持球時，會看著球，而不是場上其他的球員。您要求他們傳球時，他們通常不會看著他們要給球的球員。傳球時，有可能揮空。另外，他們很有可能持桿過高。

中級程度的球員對於他們的球桿有些掌控能力。他們通常可以用球桿接球，並傳球至他們的目標方向，但無法傳給目標隊員。他們已發展出自己對球桿的握法，並已有慣用側。他們需要看球才能知道球是否在自己手裡，但是他們可以隨著球行動，並有一半的時間可以看球，另一半的時間不用看。如果他們集中注意力，他們可以在無壓力的狀況下拋球傳球。這個程度的球員，他們理解持桿過高的概念，並會注意將球桿壓低。

高級程度的球員已可以完全掌控球桿。他們已會用球桿接球，並準確傳球給目標球員。他們可以邊移動邊運球，並且身體兩側都可以使用球桿。他們會拋球傳球，並懂得視狀況運用不同的握桿法，以幫助他們將球帶到目標位置（球門等）。

握桿

技能教學

　　球員學習傳球前,他們必須先學習球桿的正確握法。教導他們基本握法:慣用手在下方。如果球員是右撇子,右手應握在左手下方。讓球員與球桿握手,手掌朝上,好像要握鏟子一樣。兩手中間相隔距離為兩寸,手肘放鬆並彎曲,手臂也放鬆,並就準備姿勢。如果這個握法不舒適,可以試試看換手,將慣用手握在上方。除此之外,手掌朝下,好像掃地般移動手,試試看是否這樣的握法比較舒服。

教學重點

　　鼓勵球員要將球桿的底端維持在腰部以下的高度。示範給他們看如何用兩手掌控球桿,下手為定軸點,上手為主控手。上手越低,球桿的底端就越容易離地。

關鍵詞

- 兩手握球桿
- 球桿擺低
- 頭抬起來

指導訣竅

鼓勵球員控球時不要看著球。讓他們知道大家都有可能會揮不到球，也讓他們知道他們最終必須懂得用球桿的底端去「感受」球的存在。同時，如果他們沒打到球或是沒有帶到球，也是沒關係的。持續的練習會讓他們熟能生巧。

運球

技能教學

「運球」是讓球員在場上邊移動邊控球的移動。您的球員需要同時注意幾項事情：他們與其他隊員的相對位置，對手的位置，以及球門的位置。在此，「熟能生巧」——也就是說，越多的場上經驗，可以讓球員進步得越快。讓球員專注於他們要去的目的地，再加上一些障礙物，反覆練習加強。

教學重點

運球的技能越熟悉後，球員需要知道如何用球桿底端「感受」球的存在。隨時抬頭注意場上其他球員的位置很重要。球員在場上帶球移動時，示範給他們看如何用身體的轉身與阻擋來避免球被對手搶走。

關鍵詞
- 頭抬起來
- 繼續往前
- 擋住／守住球

持桿練習

1. 帶球繞角錐射門練習（同個人技術比賽練習）：

球員運球穿插間隔 3 公尺的角錐，21 公尺後射門。

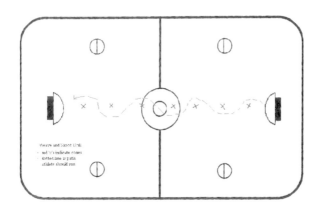

2. 追隨領導者練習：

　　領導者隨意移動，球員練習在領導者後方跟著並持球桿。領導者隨著球員的能力而改變速度與穿越障礙物。此練習由小組練習，每組一位領導者。

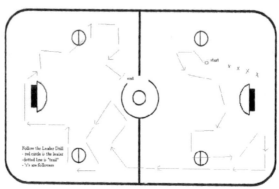

3. 圓形繞道練習：

　　隊員們圍成一個圓圈，球員穿插於隊員間，使用球桿控球傳球給下一位隊員。下一位完成一樣的練習，練習進行到所有人都完成。程度較低的球隊可以由走路開始，慢慢增速至慢跑或小跑。程度較好的球隊可以由慢跑或小跑開始，增速至快跑。

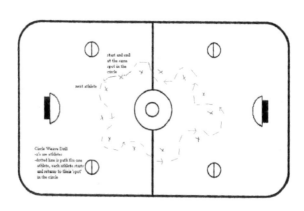

4. 紅綠燈練習：

　　球員於場內的一端排隊，在教練的「綠燈」指示帶球往前移動，在教練的「紅燈」指示停住。任何球員若在「紅燈」時移動則退回一開始的位置。第一位到終點的球員贏。教練應讓「綠燈」的時間短短的，這樣球員可以在到達終點之前練習停下來二到四次。

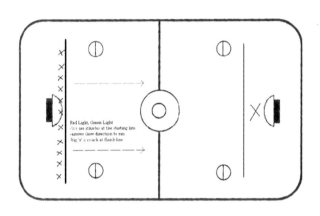

5. 手套練習：

手套球員運球穿越一直線，兩旁站兩排間隔 2 公尺的隊員們。中間的運球空間應至少 2 公尺寬。如果兩旁有球員成功干擾手套球員，他則變成下一位手套球員，並於起點重新開始，被干擾的球員則取代他的位置。兩側的球員不可以越界至走道上；只能干擾走道中的球員。注意：兩側的球員不可以搶球，只可以試圖推球。

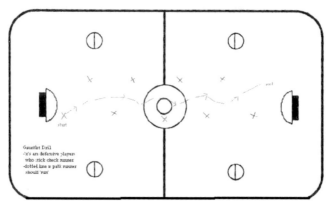

6. 音樂球練習：

　　球員於圍成一圈的角錐內跑步。吹哨後，每位球員需要從中央運一顆球至圈外或是界線外。圈內的球數少於球員，所以沒有拿到球的球員就被淘汰。這項練習有許多不同種玩法，可以變化球數或是獲勝的贏家人數。

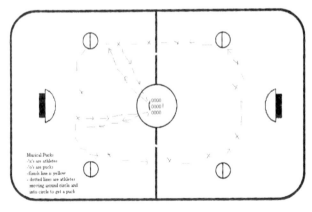

7. 偷球練習：

　　這是來自於上述的音樂球練習，但有些變化：必須要從別人那裡偷到球才能退出圈外或線外。

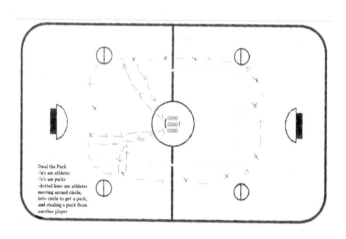

8. 接力練習：

　　將球員分散至數條隊伍。示範他們所需要使用的技能並讓他們練習。所有人都完成練習的隊伍先坐下，最先坐下的隊伍得分。為了讓大家實力更平均，輸的隊伍可以從贏的隊伍「招」隊員，交換一位自己隊員。這項練習的比賽可以有：向前運球、向後運球、加速練習、吹哨停、穿插角錐練習（往前、往後、往前與後）、穿插防守、穿插並傳球與接球至下一個隊伍、運球到下一個角錐並傳球（重複到最後一個角錐）等。

9. 方形接力練習：

　　將球員分散至正方形的四個角落。比賽可以包括銅像角錐穿插、反方向、對角穿過正方形、穿過正方形等。贏的隊伍得分，輸的隊伍可以招新隊員。

錯誤與修正－持桿

常見錯誤	修正方法	適用的練習
球員運不到球	提醒球員將球桿底端碰觸地上	音樂球練習、追隨領導者練習
球員持球時一直看著球	提醒球員持球時抬頭	追隨領導者練習
教練不知道球員的慣用手是哪一手	決定球員的慣用手	圓形穿插練習

傳球

傳球是球員在場上將球傳給別人的動作。

您的球員可以做到	從未	偶爾	時常	總是
拿起球桿並知道哪一端在下方	☐	☐	☐	☐
單手掌控球桿	☐	☐	☐	☐
雙手掌控球桿	☐	☐	☐	☐
傳球給另外一位球員	☐	☐	☐	☐
傳球給另外一位球員並無球桿過高	☐	☐	☐	☐
可以運球不看球	☐	☐	☐	☐
看向一邊卻傳球去另外一邊	☐	☐	☐	☐
傳球後將球桿底端指向接球球員的方向	☐	☐	☐	☐
控球過別的球員	☐	☐	☐	☐
總結				

技能教學

 傳球時,球員使用任何可以接受的握桿法。教練應該要示範基本的握法,然後依照球員需要調整。球員推球時需要往前踏一步,隨球時應將球桿底端指向傳球方向。球員有自信後,讓他們離目標遠一些,試著退後至離起點雙倍遠的距離。球員更有自信後,讓他們傳球更快速,更用力,並著重在速度與精準度。

教學重點

 如果球員無法精準地傳球,試著換別的握法。身為教練,您可能需要從最基本的再教起。如果球員還是無法成功傳球,讓他或她隨自己的方式握桿。

關鍵詞

- 頭抬起來
- 看著您的目標
- 腳步與傳球方向一致
- 用雙手
- 用球桿擋球
- 要隨球

傳球練習

1. 圓圈練習：

　　將球員排列成一個圓形。一位球員將球傳給另一位球員，第二位球員則需要在圈外運球一圈後，再回到自己的位置，然後再傳球給下一位。請確認所有的球員都有練習到。

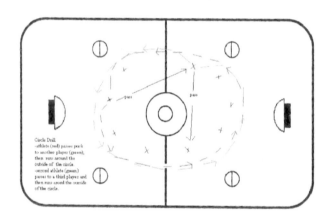

Circle Drill
-athlete (red) passes puck
to another player (green),
then runs around the
outside of the circle.
-second athlete (green)
passes to a third player and
then runs around the outside
of the circle.

2. 準確度練習：

　　讓球員於角錐之間來回傳球。一開始請他們慢慢傳，隨著他們越來越熟悉，讓他們各自往後退，並鼓勵他們加快速度與力道。

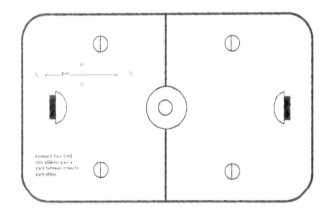

3. 距離傳球練習：

　　這個練習讓球員練習傳球的準確度，也讓球員感受到傳球時不同距離所需要的力道不同。兩位球員站距離彼此至少3公尺以上，面對彼此。第三位運球員站在他們中間並將腳張開，兩位球員在第三位球員腳中間來回傳球，難易度以距離調整。

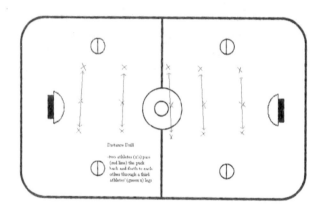

4. 凌波練習：

　　這個練習的重點為掌控球桿（預防傳球後球桿過高）。教練站於 2 個角錐前方，拿著一支球桿，球桿與地板平行並在球員腰間的高度（隨著每個球員高度調整）。球員排成一隊伍，每次 1 位，跑向角錐傳球至指定的目標或是另外一位球員，不可以碰到教練的球桿。

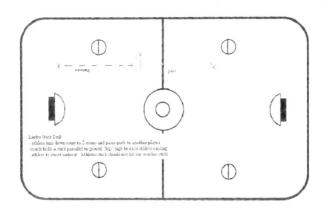

Limbo Stick Drill
athlete runs down court to 2 cones and pass puck to another player
coach holds a stick parallel to ground "hip" high to each athlete causing
athlete to shoot under it. Athletes stick should not hit the coaches stick

5. 慢跑後射門練習：

讓幾位球員排成一線並原地慢跑。選擇一位球員當發球員，讓他發球給站在線上的球員，球員再傳球回去給發球員，發球員再傳至下一位球員。重複這樣的動作直到所有人都輪流過。

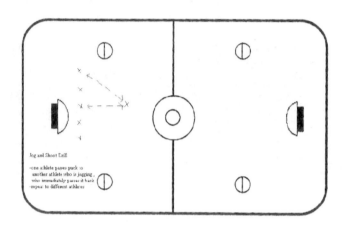

6. 一對一練習：

　　讓球員於場地的一端排成一直橫排，2位球員向前進（1位進攻、1位防守）。哨聲響起後，排隊的球員們朝場地另一端跑去。防守的球員試圖干擾進攻的球員，進攻的球員要護球。當防守員成功地阻礙進攻員並干擾搶球成功，防守員變成為進攻員，原本的進攻員成為防守員。這項練習是為了球員在球場上以正確的方式干擾搶球。

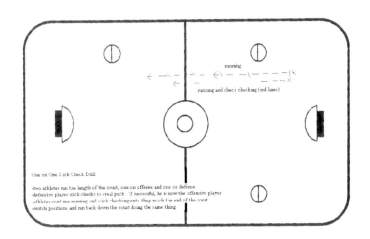

7. 二對二練習：

讓球員於場地的兩端排成兩橫排。4 位球員向前進（2 位進攻、2 位防守）。哨聲響起後，進攻員需要傳球給彼此，其他的球員朝場地另一端跑去。防守員 1) 試圖干擾進攻的球員，2) 試圖擋住進攻員的視線，或 3) 試著搶球。當防守員成功地阻礙進攻員並搶球成功，防守員變成為進攻員，原本的進攻員成為防守員。這項練習與一對一練習一樣，只是每次有兩位球員合作。

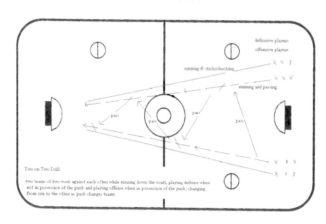

8. 傳完就移動練習:

　　將球員分組,2人一組。第一位球員傳球至場中,再跑超越隊員去接隊員傳來的球。兩位球員要繼續這樣的步驟直到兩人到達場地的另一端。這項練習幫助球員在場上注意到隊員們的位置。注意:傳球都應該是往前傳(於接球者與球門之間),這樣接球者才不需要慢下來或是停下來,讓球員知道「不要慢下來」跟「不要停下來」很重要。

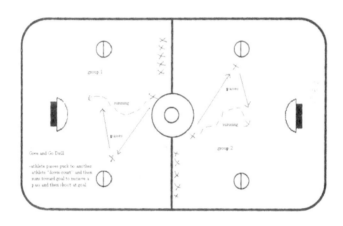

錯誤與修正－傳球

常見錯誤	修正方法	適用的練習
球員無法帶球	提醒球員將球桿底端碰觸地上	圓圈練習
球沒有傳到目的地	傳球時用力些	距離練習
傳球太大力	傳球小力些	距離練習
傳球方向錯誤	看著目標，傳球完要有隨球動作	準確度練習
隨球時球桿過高	球桿須低於腰間高度	凌波練習

接球

接球是為把傳過來的球停下來並掌控它的動作。

您的球員可以做到	從未	偶爾	時常	總是
拿起球桿並知道哪一端在下方	☐	☐	☐	☐
單手掌控球桿	☐	☐	☐	☐
雙手掌控球桿	☐	☐	☐	☐
將球桿從身體的一側傳遞去另一側	☐	☐	☐	☐
改變握法以應變現場狀況	☐	☐	☐	☐
用球桿將球停住	☐	☐	☐	☐
用腳將球停住	☐	☐	☐	☐
為了接球往前移動	☐	☐	☐	☐
為了接球而繞離障礙物	☐	☐	☐	☐
將球桿的底端擺在移動中的球內側	☐	☐	☐	☐
移動中將球桿的底端擺在球內側	☐	☐	☐	☐
總結				

技能教學

接球的人需要在球向自己接近時專注於球的動態。教練需要示範給球員看如何往前跨出去，並以球桿的內側「接住」在移動的球，或是用腳將它停住。必要時，球員可以用手將球打停住。

教學重點

如果球員有困難「接住」傳過來的球，可以先接接看手投過來的地面球，直到他們會判斷速度，再開始練習。

　　很重要的是教練要讓球員知道，必須儘量將球掌控在自己的球隊裡，並且避免對手掌控球。

關鍵詞

- 頭抬起來
- 往球跨步出去
- 把球停下來
- 控球

接球練習

1. 圓圈練習：

　　將球員排列成一個圓形。一位球員將球傳給另一位球員，第二位球員則需要在圈外運球一圈後，再回到自己的位置，然後再傳球給下一位。請確認所有的球員都有練習到。

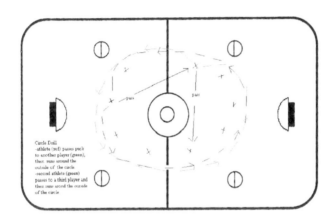

2. 準確度練習：

讓球員於角錐間來回傳球。一開始請他們慢慢傳，隨著他們越來越熟悉，讓他們各自往後退，並鼓勵他們加快速度與力道。

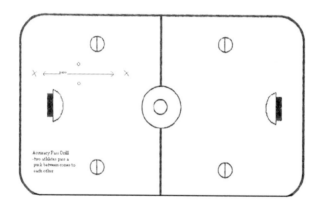

3. 距離傳球練習：

　　這個練習讓球員練習傳球的準確度，也讓球員感受到傳球時不同距離所需要的力道不同。兩位球員站距離彼此至少3公尺以上，面對彼此。第三位運球員站在他們中間並將腳張開，兩位球員在第三位球員腳中間來回傳球，難易度以距離調整。

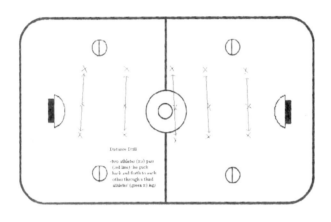

4. 傳完就移動練習：

　　將球員分組，2人一組。第一位球員傳球至場中，再跑超越隊員去接隊員傳來的球。兩位球員要繼續這樣的步驟直到兩人到達場地的另一端。這項練習幫助球員在場上注意到隊員們的位置。注意：傳球都應該是往前傳（於接球者與球門之間），這樣接球者才不需要慢下來或是停下來，讓球員知道「不要慢下來」跟「不要停下來」很重要。

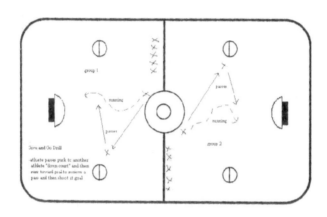

錯誤與修正－接球

常見錯誤	修正方法	適用的練習
球員沒接到球	提醒球員看球	準確度練習、距離練習
球員將球停下後無法控球	將球桿內側擺在球旁，以球桿內側控球	傳完就移動練習
球員用手接球，而非用球桿接球	教導球員用球桿接球，而不是用手	準確度練習、距離練習

球桿干擾

干擾的動作為使用自己的球桿瞬間將對手的球桿干擾離球，並將自己的球桿放在球的旁邊。這是搶球最有效的方式。

您的球員可以做到	從未	偶爾	時常	總是
拿起球桿並知道哪一端在下方	☐	☐	☐	☐
單手掌控球桿	☐	☐	☐	☐
雙手掌控球桿	☐	☐	☐	☐
將球桿從身體的一側傳遞去另一側	☐	☐	☐	☐
改變握法以應變現場狀況	☐	☐	☐	☐
以球辨識對手。	☐	☐	☐	☐
將球桿的底端放在敵方的球桿下方	☐	☐	☐	☐
將敵方的球桿抬離球	☐	☐	☐	☐
將自己的球桿放於球旁	☐	☐	☐	☐
拿到球後掌控球	☐	☐	☐	☐
總結				

技能教學

指導球員帶球移向別的球員。讓球員將其桿底端移至對方球桿的下方後，迅速地將球桿向上或側邊移動，使對方的球桿離開球旁。然後，球員將自己的球桿放於球旁，等同於搶球成功。有時，球會離開球員，示範給球員看如何追球並如何掌控它。

教學重點

很重要的是提醒球員在干擾對方後，不要將球桿抬過高，教導球員

如何讓球桿維持低的狀態。

關鍵詞

- 干擾
- 下方
- 把對方球桿抬起來
- 把球桿壓低
- 搶球

指導訣竅

　　干擾練習可以面對面干擾，或是球員由後方或旁邊進行干擾。只要雙方都往同一個方向移動，球務必會是「自由的」，您的球員需要知道如何追球或是把球搶回來。

球桿干擾練習

1. 一對一干擾練習：

　　讓球員於場地的一端排成一直橫排，2 位球員向前進（1 位進攻、1 位防守）。哨聲響起後，排隊的球員們朝場地另一端跑去。防守的球員試圖干擾進攻的球員，進攻的球員要護球。當防守員成功地阻礙進攻員並干擾搶球成功，防守員變成為進攻員，原本的進攻員成為防守員。這項練習是為了球員在球場上以正確的方式干擾搶球。

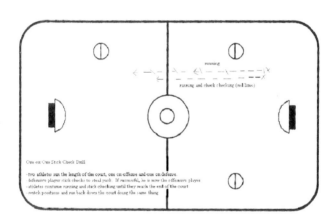

2. 音樂球練習：

　　球員於圍成一圈的角錐內跑步。吹哨後，每位球員需要從中央運一顆球至圈外或是界線外。圈內的球數少於球員，所以沒有拿到球的球員就被淘汰。這項練習有許多不同種玩法，可以變化球數或是獲勝的贏家人數。

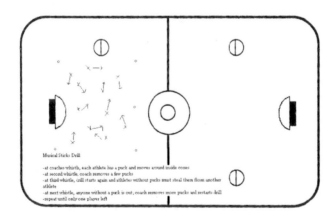

Musical Sticks Drill

-at coaches whistle, each athlete has a puck and moves around inside cones
-at second whistle, coach removes a few pucks
-at third whistle, drill starts again and athletes without pucks must steal them from another athletes
-at next whistle, anyone without a puck is out, coach removes more pucks and restarts drill
-repeat until only one player left

3. 手套練習：

　　手套球員運球穿越一直線，兩旁站兩排間隔 2 公尺的隊員們。中間的運球空間應至少兩公尺寬。如果兩旁有球員成功干擾手套球員，他則變成下一位手套球員，並於起點重新開始，被干擾的球員則取代他的位置。兩側的球員不可以越界至走道上；只能干擾走道中的球員。注意：兩側的球員不可以搶球，只可以試圖推球。

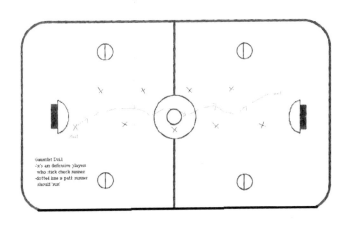

錯誤與修正－球桿干擾

常見錯誤	修正方法	適用的練習
球員干擾到自己的隊員	教導球員只干擾對手	一對一干擾練習
干擾失敗後球桿過高	提醒球員將球桿壓低，低於腰的高度	凌波練習
球員的球桿打到對手而非干擾	提醒球員的球桿要向上或是向側面移動	音樂球桿練習、手套練習、一對一干擾練習

開球陣式

開球陣式是球賽每次停止後，再重新開始比賽的動作。

您的球員可以做到	從未	偶爾	時常	總是
拿起球桿並知道哪一端在下方	☐	☐	☐	☐
單手掌控球桿	☐	☐	☐	☐
雙手掌控球桿	☐	☐	☐	☐
辨識爭球圈	☐	☐	☐	☐
站在爭球圈外面	☐	☐	☐	☐
將球桿放在自己那一邊	☐	☐	☐	☐
聽哨聲後才揮桿	☐	☐	☐	☐
聽到哨聲後動作	☐	☐	☐	☐
將球揮出爭球圈	☐	☐	☐	☐
將球傳往目標	☐	☐	☐	☐
總結				

技能教學

　　使用場上其中一個開球圈，讓您的中鋒站在線的其中一側，另一隊的中鋒站在線的另一側。示範給中鋒們要把球桿擺在什麼地方（開球圈內屬於他們那側的任何地方），並幫他們將球揮出去爭球圈，讓他們知道該怎麼做。解釋給球員聽，這個動作是在哨聲響起後做的，而且他們不可以直接控球，而是要傳球給隊員。讓一位球員試試看之後，教練可以對於球員站的位置（太遠或太近）、手、腳，或身體姿勢給予指正。重複練習直到球員充分了解該怎麼做。

教學重點

　　球員要了解他們需要揮桿到球出了爭球圈之外，或是對手已拿走球。如果球沒有於第一次揮桿就離開爭球圈，球員需要持續揮桿或是用腳將球踢出圈外。一旦別的球員碰到球了，中鋒就可以再試圖控球。

關鍵詞

- 「聽哨聲」
- 「眼睛看球」
- 「用雙手」
- 「揮球」

指導訣竅

　　大部分的球員只會想要將球往後傳給隊員。教導球員可以依照能力，控球後，將球往前面、旁邊，或是後面傳。

開球陣式練習

1. 揮桿傳球練習：

於教練的哨聲後，球員傳球給已站定位的隊員；若準確地傳球成功，便得分。

2. 快速揮桿練習：

於教練的哨聲後，2位球員嘗試將球揮出爭球圈。第二回，勝部對勝部，敗部對敗部。

3. 角錐傳球練習：

於教練的哨聲後，球員傳球給位於爭球圈外、不同角度的隊員。此練習的目地是讓球員傳球的準確度進步。

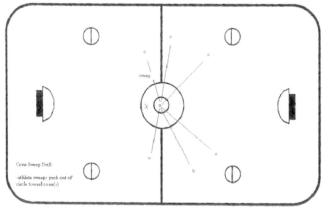

4. 揮桿射門練習：

於教練的哨聲後，球員揮桿射門。

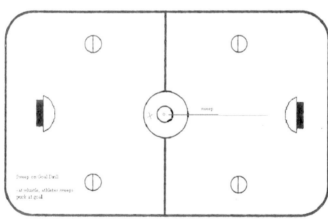

錯誤與修正－開球陣式

常見錯誤	修正方法	適用的練習
中鋒聽到哨聲將球桿擺在球旁	教導中鋒要揮球	揮桿傳球練習
中鋒揮空	教導中鋒要揮球	快速揮桿練習
中鋒無法掌控揮球方向	教導中鋒要揮球至目的方向	椎桶傳球練習
中鋒在另一位球員還沒碰球之前就控球	教導中鋒需要等別的球員碰到球後，才能控球	揮桿傳球練習

射門

射門是試圖將球推進球門內,以達到得分目的的動作。

您的球員可以做到	從未	偶爾	時常	總是
拿起球桿並知道哪一端在下方	☐	☐	☐	☐
單手掌控球桿	☐	☐	☐	☐
雙手掌控球桿	☐	☐	☐	☐
將球桿底端擺於球內側	☐	☐	☐	☐
定點射門	☐	☐	☐	☐
移動中射門	☐	☐	☐	☐
射門後球桿沒有過高	☐	☐	☐	☐
射門時沒有越界犯規	☐	☐	☐	☐
正手射門	☐	☐	☐	☐
反手射門	☐	☐	☐	☐
挑球射門	☐	☐	☐	☐
射門得分	☐	☐	☐	☐
總結				

技能教學

球員需要將球桿底端擺於球的內側,並讓他們眼睛看著球。往前踏步時,讓他們朝球門揮桿,並確認他們揮桿後,隨球的方向是指著球門。

教練應教導球員以下射門方式:

1. 在球門前
2. 球網內的各種角度
3. 球網內的各個角落

4. 往球門移動時

5. 移動中接球後

6. 被防守時

7. 遮蔽守門員並避開球門區

8. 由球門彈射出來的球並避開球門區

9. 做假動作，假裝從另一個方向射門

10. 以最準確最快的速度

正手射門

　　球員面對球門，並用慣用手控球。慣用手應位於球桿較低的位置，手臂完全延伸，手掌朝上。另外一手應接近於球桿頂端，手掌朝下。眼睛看著目標，球員應將球退後幾寸的距離再往前，射門時非慣用腳往前跨一步，並做出隨球動作。隨球時，球桿應指著目標，並低於腰際的位置。手腕的扭轉可以讓射門有更大的力量。

挑球射門（正手）

　　注意！正手挑球射門與正手射門的技巧非常相似，除了以下幾點：

1. 球桿的底端需要碰觸球前方的下側，才能達到挑球的效果。
2. 正手挑球射門通常不會如反手射門般在空中翻騰，正手挑球射門更有力道，卻更難學會。
3. 要達到最有利的正手挑球射門，通常右手腕要用力扭轉一下。
4. 對有些球員來說，手往前帶並扭轉手腕後，再將上半身壓低於球的上方是有效的挑球方式。

反手射門

　　球員面對球門，用非慣用手控球。慣用手位於球桿較低的位置，手臂完全延伸，手掌朝上。另一手應接近於球桿頂端，手掌朝下。眼睛看著目標，球員應將球退後幾寸的距離再往前，射門時慣用腳往前跨一步，並做出隨球動作。隨球時，球桿應指著目標，並低於腰際的位置。手腕扭轉應該可以讓射門有更大的力量。

　　注意：如果由身體右側射門，左腳往前踏；如果由身體左側射門，右腳往前踏。

挑球射門（反手）

　　教導方式如反手射門一樣，但是手腕扭轉更大，手臂也甩得更大力。通常射出去的球會呈現一個旋轉的動態，不如反手射門的球來得直。

　　需要注意的是讓球桿的底端碰觸球的前方下側，才能成功挑球。一旦球員學會強而有力的反手挑球射門，他們就已準備好學習如何同時有力地挑球。此種射門不同的地方在於球飛起時不會翻轉，而會因著空氣動力學，如飛碟般地飄飛。

進階技能

　　球員的射門技能進步時，可以適當地讓他們知道以下幾種射門方式：

- 動力射門－邊跑邊射門是最常見的射門法，應鼓勵球員多嘗試。
- 滑翔射門－身體滑向射門的那一側（如同棒球滑壘）。
- 盲目射門－背對球門，看不到球門的狀況下射門。
- 腳間射門－如同反手射門般持桿，將球從腳中間擊出，看不到球門的狀況下射門。
- 重導射門－重新將球導向球門。通常是接球或是射門沒進後的動作。球由球門邊彈出，球員重新將球再度導向球門。

教學重點

　　球員需要了解射門時，「球桿不能過高」的規則依然適用。確認球員知道球門區，並教導他們球桿是他們身體的一部分，所以不能越過球門區。為了射門時不越界，讓他們練習時越儘量靠近球門區射門。

　　關鍵詞

- 「往前跨步」
- 「眼睛看球門」
- 「射門」
- 「隨球」

- 「球桿擺低」
- 「小心球門區」

指導訣竅

　　教導球員射門時不要對準守門員，要試著射其他位置。慢慢地您會有辦法教導球員找到空檔射門，球員應該可以在場上不同的地方射門以增加得分率。

射門練習

1. 角度射門練習（與個人項目練習一樣）：

在球門以外的地方擺 5 顆球，計時讓球員將 5 顆球都射進門。

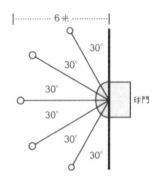

2. 帶球繞角錐射門練習（同個人比賽練習）：

球員帶球穿插間隔 3 公尺的角錐，21 公尺後射門。

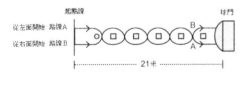

□ 角錐

運動員可以自由選擇路線A或B

3. 凌波練習：

　　這個練習的重點為掌控球桿（預防傳球後球桿過高）。教練站於兩個角錐前方，拿著一支球桿，球桿與地板平行並在球員腰間的高度（隨著每個球員高度調整）。球員排成一隊伍，每次 1 位，跑向角錐傳球至指定的目標或是另外一位球員，不可以碰到教練的球桿。

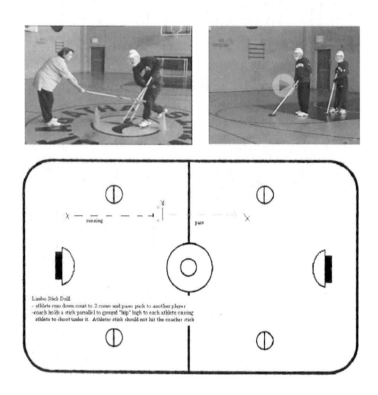

4. 傳球射門練習：

　　球員面對球門排成一直排，一次 1 位，往球門前進。另一排的球員
排隊在側邊。第一排的第一位球員傳球給第二排的第一位球員後，跑向
前準備接回球，接到第二排傳回的球後往球門的角落射門。每一次練習
之後讓球員交換去另外一排排隊，確認所有的球員都有輪流到第一排與
第二排。

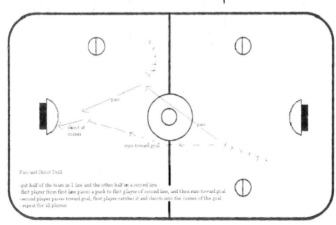

Pass and Shoot Drill

-put half of the team in 1 line and the other half in a second line
-first player from first line passes a puck to first player of second line, and then runs toward goal
-second player passes toward goal, first player catches it and shoots into the corner of the goal
-repeat for all players

5. 準確射門練習：

　　球員練習對準一個目標射門，由又寬又近的目標進階至又窄又遠的目標。將噴漆的牛奶瓶掛在球門竿上當作練習的目標。注意：目標也可以是在牆上畫「X」那麼簡單。

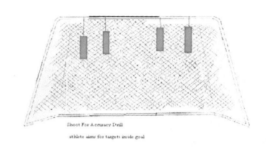

Shoot For Accuracy Drill

athlete aims for targets inside goal

6. 篩子射門練習：

　　用黑膠或是塑膠當篩子貼在球門網上，篩子的四個角落切空，讓球員練習射門。

Sieve Shooting Drill

-put vinyl or plastic sieve in front of goal
athletes shoot at holes to make a goal

注意：以上所有練習都可以使用正手、反手和／或上舉擊球進行。

錯誤與修正－射門

常見錯誤	修正方法	適用的練習
球沒進球門	眼睛要看球並隨球	準確射門練習、角度射門練習
球員踏入球門區	讓球員從離球門遠一點的地方射門	快速揮桿練習
射門後球桿過高	提醒球員球桿底端維持在肩膀以下	凌波球桿練習
球員射門球時，球打到守門員	教導球員射門要避開守門員	準確射門練習、篩子射門練習

防守

防守是幫助自己隊上守門員守住球門的動作。

您的球員可以做到	從未	偶爾	時常	總是
辨識自己的守門員	☐	☐	☐	☐
站在對手與球門之間	☐	☐	☐	☐
維持正確防守姿勢	☐	☐	☐	☐
追尋移動中的球	☐	☐	☐	☐
用身體阻擋或將球停下	☐	☐	☐	☐
用球桿阻擋或將球停下	☐	☐	☐	☐
用球桿干擾對手	☐	☐	☐	☐
用身體干擾對手	☐	☐	☐	☐
攔截移動中的球	☐	☐	☐	☐
將球運出防守端	☐	☐	☐	☐
未踏進球門區的狀態下將球由球門區移出	☐	☐	☐	☐
與隊員溝通	☐	☐	☐	☐
與另外一位隊員困住對手	☐	☐	☐	☐
突破攻方，搶球傳給隊員並成為攻方	☐	☐	☐	☐
總結				

技能教學

奪回球最簡單的方式是攔截，這也是停止對方得分很好的方法。球員需要用眼睛與身體準備好攔截對方傳球，一旦就位，球員只需要將球桿或是身體站在球的前面就可以攔截它。球員可以揣測對方傳球的方

向，再有策略性地去攔截位置做準備。有些對手傳球有一定模式，如果知道模式，便可以更容易攔截對方的傳球。

確認您的球員了解球桿干擾是最佳的搶球方式（請回顧〈球桿干擾〉與〈球桿干擾技能〉）。前鋒應該學會找機會「困住」帶球的對手。「困住」對手時，需要後衛延遲進攻中的球員，同時前鋒由別的方向上前「困住」控球員並搶球，前鋒與後衛的合作如雙人組合一樣。

在場上維持正確的位置可以防範對手得分，所以球員們必須知道什麼時候要站在哪裡跟做什麼。隊員們應該要同心合作來阻礙對手的得分，有策略的站位會讓球隊有組織地應對場上狀況。

後衛：右後衛要待在場上的右側，左後衛要待在場上的左側。當對手拿到球，右後衛要站在球門區的右前方，左後衛要站在球門區的中間並看著場中的傳球。右後衛應該要介於帶球的對手跟球門之間。如果球在中間，左右後衛應該站在一起，並位於控球的對手跟球門之間。如果球在左側，右後衛應該在球門區的前方並看著場中的傳球。左右後衛應並肩作戰，區域性地防守球門區前空間。

前鋒：前鋒是全場跑的一個角色。當對手拿到球，中鋒應位於球門的正前方，與其他兩位後衛一起合作阻擋對手並嘗試搶球，右邊鋒可視狀況協助防守，左邊鋒也是如此，但是左邊鋒待在場地的左側。事實上，地板曲棍球的比賽規則並沒有規定球員一定要站在什麼位置，球員是可以自由在場上移動的，除了球門區以外。但一般來說，球員需要守在自己的位置上。只有攻方的球員可以為了守球門將球桿伸進球門區，其餘的球員（除了守門員之外）都不可以進入球門區。

教學重點

球員可以使用腳、球桿，或手來處理與阻擋移動中的球，他們可以將球擋下來或是往前踢，但是不能用踢的射門。如果球員將球踢進自己

的球門，則算對方得分。

　　要阻擋帶球的對手時，球員應位於對手與球門中間。如果球員去干擾或攔截對手反而會造成對手更靠近球門，那麼球員不應該這麼做。示範給球員看如果對手在進攻時位於防守員與球門之間，得分是容易的；也示範給球員看如果防守員位於對手與球門之間，得分是困難的。

　　如果雙方球員的球桿都位於球的旁邊，以身體干擾對方是搶球最有效的方式，目的是以推力讓對方無法繼續控球。球員可以站到對手前方，用背來將對手推離控球範圍。雖然可以站在對手跟球之間，並用身體將對手推開，若球員肘擊、絆倒，或是踢人的話，那會是犯規受罰的。

　　將球從攻方那裡搶走是守備的方式，而突破攻方傳球給自己隊員則是進攻的開始。由守方轉為攻方在比賽中是關鍵的時刻。把球傳出去給自己的隊員時，球員要小心對手再度將球搶回去或得分。當球傳到場中央並被對手攔截時，對方很有可能即刻得分。然而，如果是位於球場兩側被攔截的話，對方則很難即刻得分，因為他們得重新將球帶回場中央，這是轉守為攻得好時機。在場中央用球桿干擾也有可能是危險的事情，因此球桿干擾適用於球門後方，並於球場側邊傳球比較安全。

關鍵詞
- 「防守」
- 「搶球」
- 「搶回來」
- 「跟上去」
- 「腳動起來」
- 「擋在球跟球門中間」
- 「擋球」
- 「跟彼此溝通」

指導訣竅

　　讓球員知道，場上的溝通是很重要的，要確認球隊合作守住防守區，並避免擋到自己的守門員。隊員們應該要同心合作來防止對手得分。

防守練習

1. 鏡子練習：

　　球員位於球門與教練中間，教練帶球往右移或是往左移時，球員也要跟著同方向移動。教練帶球往前移或是往後移時，球員也要跟著同方向移動。如果球員沒有跟著教練移動，教練可以用指的或是說的來提供方向。

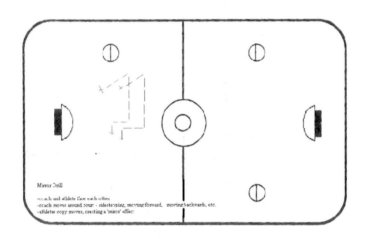

Mirror Drill

-coach and athlete face each other
-coach moves around zour - sidestepping, moving forward, moving backwards, etc.
-athletes copy moves, creating a 'mirror' effect

2. 一對一干擾練習：

　　讓球員於場地的一端排成一直橫排，2位球員向前進（1位進攻、1位防守）。哨聲響起後，排隊的球員們朝場地另一端跑去。防守的球員試圖干擾進攻的球員，進攻的球員要護球。當防守員成功地阻礙進攻員並干擾搶球成功，防守員變成為進攻員，原本的進攻員成為防守員。這項練習是為了球員在球場上以正確的方式干擾搶球。

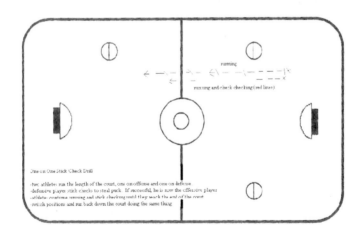

3. 二對一干擾練習：

　　讓球員於場地的一端排成一橫排。3 位球員往前站（2 位為攻方、1
位守方）。哨聲後，所有的球員往場地的另外一端跑。守方守住自己的
位置並：1) 延遲攻方球員，2) 搶球，或 3) 阻止攻方射門。

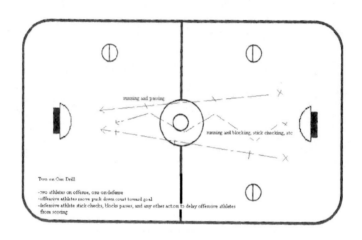

4. 二對二練習：

　　讓球員於場地的兩端排成兩橫排。4 位球員向前進（2 位進攻、2 位防守）。哨聲響起後，進攻員需要傳球給彼此，其他的球員朝場地另一端跑去。防守員 1) 試圖干擾進攻的球員，2) 試圖擋住進攻員的視線，或 3) 試著搶球。當防守員成功地阻礙進攻員並搶球成功，防守員變成為進攻員，原本的進攻員成為防守員。這項練習與一對一練習一樣，只是每次有 2 位球員合作。

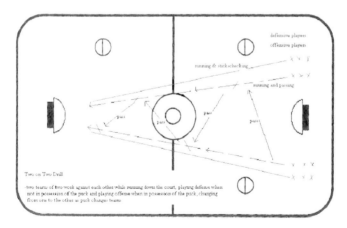

5. 三對二練習（等同於二對一練習，只是加了球員）：

　　讓球員於場地的一端排成一橫排。5 位球員往前站（3 位為攻方、2 位守方）。哨聲後，所有的球員往場地的另外一端跑，守方守住自己的位置並：1) 延遲攻方球員，2) 搶球，或 3) 阻止攻方射門。此練習強調的是團體合作，不管是攻方或是守方。

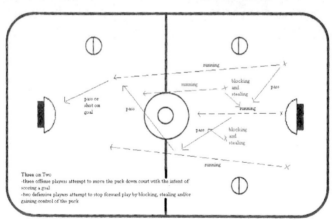

6. 遠離圈圈練習：

　　球員們圍著一位球員站成一個圓圈互相傳球，中間的球員試圖攔截球。被攔截的球員則換到中間，攔截到球的球員回到圓圈。此練習可有不同種變化：1) 圓圈內加更多人，2) 加球數，3) 圓圈內的人只需要碰到球，或 4) 如果傳球失誤或是擋球失敗，球員就到圓圈中間。

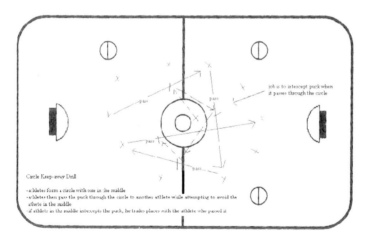

Circle Keep-away Drill

-athletes form a circle with one in the middle
-athletes then pass the puck through the circle to another athlete while attempting to avoid the athlete in the middle
-if athlete in the middle intercepts the puck, he trades places with the athlete who passed it

job is to intercept puck when it passes through the circle

7. 身體干擾並得分練習：

2 位球員將球桿內側擺於球旁，並面向進攻的球門。哨聲後，球員以身體干擾對方並得分。確認所有人都有輪流到與彼此練習。

8. 二對二遠離練習：

一隊 2 人，兩隊穿著不同顏色的背心，當其中一隊連續傳球 3 次沒有失誤就贏了。勝部對勝部，敗部對敗部。注意：教練可以用角錐將場地隔成小區域，以便所有球員同時進行練習。

9. 球隊遠離練習：

兩隊穿著不同顏色背心，當其中一隊連續傳球 3 次沒有失誤就贏了。這是來自於二對二遠離練習的一種變化，可以一次多一些球員練習或甚至整個球隊。

錯誤與修正－防守

常見錯誤	修正方法	適用的練習
球員讓對手介於自己與球門之間	教導球員正確的防守位置	鏡子練習、一對一練習
球員踏入球門區	教導球員在不介入球門區之下把球撥離球門	二對二遠離練習
球員在沒有目標的狀況下將球往前傳	教導球員要傳球給隊友	準確傳球練習
球員擋到自己隊上守門員的視線	教導球員要聽守門員的話	三對二練習

進攻

進攻是控球意圖射門得分的行為。

您的球員可以做到	從未	偶爾	時常	總是
辨識對手的球門	☐	☐	☐	☐
辨識進攻時的位置	☐	☐	☐	☐
追尋移動中的球	☐	☐	☐	☐
用球桿運球／控球	☐	☐	☐	☐
準確地傳球	☐	☐	☐	☐
接住隊員傳過來的各種球	☐	☐	☐	☐
在場上找空檔接球	☐	☐	☐	☐
與隊員溝通	☐	☐	☐	☐
護住球，不被防守方搶走	☐	☐	☐	☐
往對手的球門射門	☐	☐	☐	☐
總結				

技能教學

為了控球，3 位前鋒需要合作，他們需要注意到場上自己的隊員在哪裡，也需要知道對手在哪裡，因為比賽中所有人都不停地移動。帶球員認識場上的位置應該是您教導球員時的第一件事。球員在練習時，提醒他們要維持在自己的「航道」上。邊鋒的負責區域各自為場上的1/2，所以他們加起來負責整個場地。中鋒則有他們自己的中間「航道」。

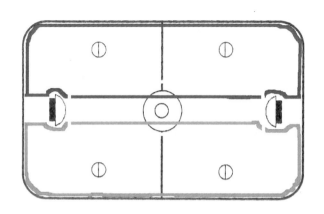

　　將傳球組合的所需技能分解為個別技能；當球員學了一個技能，再加下一個技能進去，直到他們可以將整個組合串起來。必要時，可以親自教導球員完成組合，等球員會了之後再指引方向。如果傳球組合是由不同的選擇串在一起，又須依照前面狀況而做改變，可以與球員複習有哪一些選擇，再開始練習。將角錐放在場上不同的地方可以幫助球員辨識它。依照球員的能力，從較簡單的組合開始，進而學習較難的組合。這些傳球組合是為了要模擬比賽時會遇到的狀況，透過設計好的情況，幫助球員完成這些傳球組合。

教學重點

　　進攻時，跑對位置是很重要的，因為那會決定進攻策略。每位球員在任何時候都應該要知道自己要在哪裡做什麼，隊員也需要知道要傳球去哪裡，或是隊員在哪裡。不如此的話，進攻會變得凌亂無章。

　　右邊鋒待在場上的右側。我方控球時，右邊鋒應該在中區的右側準備接回彈球。一旦球傳至場上，右邊鋒要去右側的攻擊角落準備，因為他有可能會接到左邊鋒、中鋒，或是後衛由球門後方傳來的球。在球門的右側，右邊鋒可能可以射門或是取得回彈球。左邊鋒的工作與右邊鋒一樣，只是位於場地的左側。

一旦球傳至場上，中鋒就去球門前面，他有可能接到邊鋒或是後衛傳來的球。中鋒的主要工作是射門、掩護球門、將球打偏，或奪回沒進的球。

右邊鋒待在場上的右側。我方控球時，右後衛有可能傳回彈球給右邊鋒。一旦球傳至場上，右後衛要去中區的右邊。中鋒於這個位置有可能傳或是接到邊鋒傳來的球，中鋒（在球門前）或是左後衛（左側）。右後衛也可以由球門右側射門，但是右後衛需要隨時準備好回到防守位置。左後衛的工作與右後衛一樣，只是位於場地的左側。

如果後衛無法或是尚未準備好在進攻位置，讓他們留守球門。規則中並沒有規定球員需要一直保持在一個位置上，因為 1) 如果每位球員都全場跑，他們不會有足夠或等同的精力打完整場比賽，2) 球員離彼此躍進，就越少機會傳球給有空檔的隊員，3) 如果對手拿到球，他們就更有可能得分，因為代表場上有些區域沒有人防守。

您需要教導所有球員的一件事情就是要防範自己的球被對手「轉走」。所謂的「轉走」是對手以一腳為轉軸，轉身用背面將控球的人推離球。教導球員要將維持在球與對手之間。

球門後方是很好準備不同傳球組合的地方。在對手球門後面傳球或是運球時，有可能在守方發現空檔。在自己的球門後面傳球或是運球時，球相對地安全，球員也可以準備一個新的攻略。在許多進攻練習中，增加一位追速者跟在球員後面是一種很好的練習方式。另外，也可以在進攻練習中規定完成時間。

關鍵詞
- 「散開來」
- 「看球」
- 「射門」

- 「射門後跟球」
- 「要溝通」
- 「守住球」
- 「守住位置」
- 「跑起來」
- 「他有空檔」
- 「傳球」

指導訣竅

一旦球員知道守住場上位置的重要性，您可以教他們如何以換位置來掌控整個比賽。球員可以告訴隊員他們要換位置，或是隊員可以依照現場狀況調整自己的位置。2 位球員如果在同一個地方的話，代表場上有一塊是沒有人在的，需要有其中一人趕快補上。換位置可以是進攻策略裡很有效的一個方法，因為守方不一定會知道需要防守誰，球員可以在換位置的時候找場上空檔。

進攻練習

1. 交叉傳球練習：

　　球員排成兩個隊伍，最前面的 2 位球員先一起開始。左邊的球員傳球至右邊的球員前方。右邊的球員邊跑邊接球，並將球回傳至左邊球員的前方。左邊的球員邊跑邊接球，並將球回傳至右邊球員的前方。持續輪流進行這樣的動作直到其中一位球員射門。練習變化的方式有：1) 加守門員，2) 設定時間限制，3) 加防守員（一開始被動），4) 加第三位進攻員，5) 加第二位防守員。

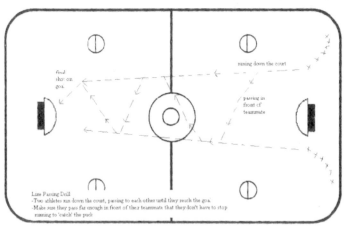

2. 傳完就移動練習：

　　將球員分組，2人一組。第一位球員傳球至場中給隊員，再超越隊員去接隊員傳來的球。兩位球員要繼續這樣的步驟直到兩人到達場地的另一端。這項練習幫助球員在場上注意到隊員們的位置。注意：傳球都應該是往前傳（於接球者與球門之間），這樣接球者才不需要慢下來或是停下來。讓球員知道這一點很重要。

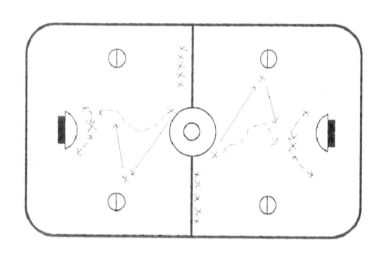

3. 牆壁傳球練習：

　　球員將球打向場邊的牆壁，自己繞過防守員，上前接球並繼續運球至球門前射門。可以加上適度地轉身練習讓防守員無法干擾。練習變化的方式有：1) 球員將球打向場邊的牆壁給隊員，由隊員運球至球門前射門，2) 球員將球打向場邊的牆壁給隊員，上前接回隊友傳回來的球並運球至球門前射門。

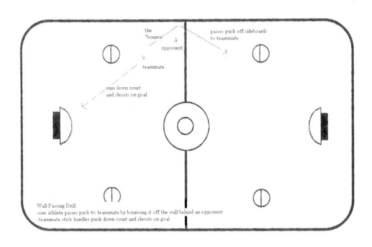

4. 半場球門後方練習:

　　中鋒與兩位邊鋒站在半場的位置。中鋒傳球至右角落，右邊鋒跑至右角落接球。左邊鋒跑至左角落接來自於右邊鋒的球。中鋒跑至球門正前方，接左邊鋒傳來的球並射門。左右邊重複練習。練習變化的方式有：1) 加守門員，2) 加追速員，3) 有時間限制。

5. 全場球門後方練習:

　　中鋒於球門後面接球並傳給站在右區的右邊鋒。左邊鋒跑至左角落皆來自於右邊鋒的球。右邊鋒跑至右角落皆來自於左邊鋒的球。中鋒跑至球門正前方，接右邊鋒傳來的球並射門。左右邊重複練習。練習變化的方式有：1) 加守門員，2) 加追速員，3) 有時間限制。

6. 進攻與防守練習:

　　進攻需要中鋒（球門區前）、右邊鋒（右攻角落）、左邊鋒（左攻角落）、右後衛（中區右側），以及左後衛（中區左側）共同完成。防守需要右後衛（球門區的右前方）、左後衛（球門區的左前方）、中鋒（球門區前）、右邊鋒（中區右側），與左邊鋒（中區左側）共同完成。球由攻方開始傳遞，如果攻方射門成功，攻方得分。兩隊穿著不同色的背心。如果攻方不斷贏，守方可以加上守門員。

7. 二對二練習：

　　讓球員於場地的兩端排成兩橫排。4 位球員向前進（2 位進攻、2 位防守）。哨聲響起後，進攻員需要傳球給彼此，其他球員朝場地另一端跑去。防守員 1) 試圖干擾進攻的球員，2) 試圖擋住進攻員的視線，或 3) 試著搶球。當防守員成功地阻礙進攻員並搶球成功，防守員變成為進攻員，原本的進攻員成為防守員。這項練習與一對一練習一樣，只是每次有 2 位球員合作。

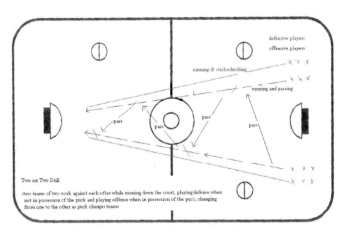

8. 球門後運球練習：

　　球員由球門後的右攻角落運球到左攻角落，隊員從右側移動至球門前面接球並射門，然後換邊練習。練習變化的方式有：1) 加守門員，2) 加追速員，3) 有時間限制。

9. 球門附近傳球練習：

　　球員 A 由球門後的右攻角落運球到左攻角落，隊員 B 從右側移動至球門前面接球。球員 A 由球門後面跑至右攻角落接來自於球員 B 的球。球員 B 跑去左攻角落接來自於球員 A 的球。球員 A 跑去球門前接球員 B 的球並射門。此練習最好有時間限制。然後換邊練習，可加追速員。

10. 邊鋒交叉練習：

　　於指示後，右邊鋒由中區右側跑至左攻角落，同時左邊鋒由中區左側跑至右攻角落。同時，中鋒運球到攻方。在右邊鋒與左邊鋒於球門前交叉時，中鋒射門。守門員有可能漏守，或是邊鋒有可能將彈出來的球重新打入球門。邊鋒有可能漏守，或是守門員有可能將彈出來的球重新打入球門。練習變化可以是由中鋒將球傳給在交叉中的邊鋒，邊鋒在防守方復位時儘快射門。

11. 整場交叉練習：

　　中鋒由自己的球門後方將球傳至左邊鋒（在中區的左側）。右邊鋒（中區的右側）跑去左攻角落接左邊鋒傳來的球。中鋒跑去右攻角落接來自於右邊鋒（在左攻角落）從球門後傳來的球。左邊鋒跑去球門前，接中鋒的球（在右攻角落）並射門。換邊練習。加追速員。加時間限制。練習變化方式：第一次傳球給左邊鋒後（中區左側），可以如邊鋒交叉練習繼續。右邊鋒跟中鋒可以抓對時間在球門前交叉。左邊鋒可以藉機運球並射門（有可能守門員會漏接，也有可能球會彈走）或是傳給交叉

的邊鋒。這樣的運作會混淆守方（也有可能混淆到攻方）。

注意：許多防守練習都有益於進攻練習，反之亦然。

錯誤與修正－進攻

常見錯誤	修正方法	適用的練習
球員不在位置上	教導球員場上正確位置	三對二練習
球員與隊員站得太近	教導球員在場上要散開	進攻與防守練習
球員沒有移動	教導球員帶球或沒帶球移動	球門附近傳球練習
球員沒有等待空檔就射門	教導球員要傳球給比較有機會得分的隊員	球門附近傳球練習
球員拒絕傳球	教導球員要傳球	傳完就移動練習
球員射錯球門	教導球員辨識對方的球門	進攻與防守練習
球員跑錯方向	叫球員辨識對方的球門	進攻與防守練習

守門

守門是於球門區防衛球門並防止球進入球網的行為。

您的球員可以做到	從未	偶爾	時常	總是
辨識自己的球門	☐	☐	☐	☐
辨識球門區	☐	☐	☐	☐
理解守門時的規則	☐	☐	☐	☐
使用與掌控守門球桿	☐	☐	☐	☐
追蹤移動中的球	☐	☐	☐	☐
在球門區內橫向移動	☐	☐	☐	☐
在球門區維持守門姿勢	☐	☐	☐	☐
腳不超出球門區	☐	☐	☐	☐
與隊員溝通	☐	☐	☐	☐
用球桿擋下球	☐	☐	☐	☐
用身體擋下球	☐	☐	☐	☐
掌控球	☐	☐	☐	☐
撥走球	☐	☐	☐	☐
跪到地上將球停下	☐	☐	☐	☐
跪下後恢復站姿	☐	☐	☐	☐
總結				

技能教學

守門員的基本站姿（預備姿勢）

- 腳同等肩寬，或是護腿墊碰觸。
- 膝蓋與腰微彎，重心往前。

- 背打直，頭抬高，看著前方的動態。
- 球桿杆刃平擺在地上。
- 一手用力握球桿。
- 空手擺在身體側邊，膝高，戴手套，準備擋球。

教學重點

- 眼睛一直注意看球。
- 守門員可以是攻方。
- 護腿墊對準球，並將腿併攏－絕不打開。
- 若跪在地上，儘快恢復站姿。
- 可以抓球的時候就要抓球，並將球儘快給隊友。
- 救球後，讓球停一下。把球給隊員或是放在只有隊員可以拿得到的地方。
- 腳要收在球門區。
- 與隊員溝通。

一位守門員應該要會兩個基本動作：

1. 要很快地在球的前面近距離橫向移動，用橫向步伐。步伐維持短，腳不轉向。橫向跨步的時候，守門員維持在基本站姿。腳不會轉方向。這個跨步適用於若有人帶球到球門後方時，守門員需要快速地在 2 個立柱中間移動。

2. 要與射手面對面時，尤其是射手靠近球門時，守門員會站定，並只轉上半身去面對射手的方向。

3. 為了要將自己擋在射手與球門之間，有時候守門員會需要先轉上半身再橫向移動，有時候先橫向移動再轉上半身。

關鍵字

- 「看球不是看人」
- 「腳併起來」
- 「球桿放平」
- 「腳動起來」
- 「起來」
- 「把球揮出去」
- 「把球留住」
- 「救得好」

指導訣竅

守門員需要記得的技巧如下：

- 球桿桿刃務必平擺在地上。
- 從攻方越過中線直到球離開防守區，專心維持在準備姿勢。
- 讓對手先動—自己不要先動。
- 試著預測對手的下一步。
- 腳要動起來（不要一下子就趴下）。
- 丟球時向丟飛盤一樣，它才會平平落地。
- 務必維持在球門之外，球門區之內，才能擋住所有的射門角度。
- 用球桿或是手去感覺球門的位置。
- 守門員看球，守方看人。

守門練習

1. 新手守門員練習：

往球門滾一顆排球讓守門員停住。

2. 角度練習：

往球門外面移動去挑釁射手，讓射手的射門空間狹小。練習時，教練可以綁兩條一樣長的繩子在兩根立柱上，往前拉，形成一個三角形。三角形的區域代表是守門員需要防備的區塊。

3. 守門員熱身練習：

隊員射門，守門員練習擋球。讓球員們於球門前 6-8 公尺的地方排成半圓形，每個人有 2 顆球，大家依照順序射門，射完半圈後再輪回去射半圈。練習變化：球員跑上去射門，或是等教練指令才射門。

4. 守門員就位練習：

2 位教練或是球員，2 人於球門前 6-8 公尺的兩側，輪流射門。

5. 追蹤球練習：

2-3 位教練或是球員隨意傳球與射門。

6. 網球練習：

守門員暫離牆壁 3 公尺距離，背對教練。教練朝牆壁丟球，守門員要去接球或擋球。

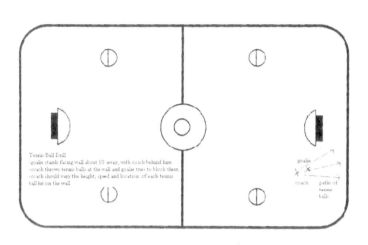

Tennis Ball Drill
-goalie stands facing wall about 10 away, with coach behind him
-coach throws tennis balls at the wall and goalie tries to block them
-coach should vary the height, speed and location of each tennis
ball hit on the wall

goalie
coach   path of
tennis
balls

7. 守門員鏡子練習：

教練（務必維持基本站姿）移動，守門員也跟著移動，模仿越快越好。可移動各種不同的方向。

8. 反應練習：

哨聲後，守門員要跪下去地板上好像要擋球一樣。第二個哨聲，守門員恢復站姿。教練每次的哨聲間隔時間應該要長短不一。

錯誤與修正－守門

常見錯誤	修正方法	適用的練習
守門員離開球門區	教導守門員腳不能離開球門區	角度練習、守門員就位練習
守門員太早跪下	教導守門員等對手開始射門再行動	反應練習
守門員把球丟到場中央	教導守門員把球丟到場邊或是留在球門區裡	
守門員沒有掌控救到的球	教導守門員要預防球回彈	守門員熱身練習、網球練習
守門員救球後跪太久	教導守門員跪完要馬上回到站姿	反應練習

練習與比賽中的適配

比賽中，不為了球員的特別需要而改變規則是很重要的事。然而，教練可以改變練習方式去迎合每位球員的特別需求，或是幫助他們以不同的方式適應運動器材來成功達成運動的目的。

地板曲棍球的特別調整如下：

肢體障礙：如果球員無法持球桿，教練可以使用運動繃帶或是護腕將球桿接至球員的手上。

聽覺方面的障礙：使用手語來開始或停止比賽。

地板曲棍球的混合健身

　　混合健身以現代術語來說，指的是代替直接練習比賽中所需的技能以外的運動。混合健身始於受傷後的復建，現在也用來預防受傷。當跑步者的腿部或腳部受傷，無法繼續跑步時，可以以其他運動來保持運動員的有氧與肌肉力量。

　　有特定目標的練習能達到的效果是有限的。混合健身的好處是為了避免在劇烈運動練習間受傷，並保持肌肉平衡。運動成功的關鍵之一就是保持健康的身體與維持長期的訓練。混合健身讓球員以高度的熱情和強度進行健身，又可以減少受傷的風險。

游泳健身

　　讓球員於泳池內游泳或是做出跑步的動作。讓球員均速地游泳至少2分鐘（有氧運動），或是讓球員穿著浮力背心或是內胎游泳圈在水裡直立做出跑步的動作，間歇 30-120 秒，運動與休息的比例為 2:1。

腳踏車健身

　　讓球員間歇性或是均速地騎腳踏車。球員可以於直立式腳踏車或是飛輪上做有氧和非有氧運動。球員可以一次以不同速度騎 2-60 分鐘的時間。

特殊奧運地板曲棍球教練指南
地板曲棍球規則、制度與禮節

目錄

地板曲棍球規則教學

　　優秀的教練會在球季訓練開始便教導球員地板曲棍球的規則。總教練應在球季訓練的開端與所有的球員、教練以及家長／監護人開會，並表達對球員們的期望。教練需要讓球員了解他期望球員有良好的運動員精神與參與態度。每次的練習中可以包括一些大方向的規則討論；但是，每一次練習都會有講授規則的過程。

　　每次的練習一開始，教練都應要求球員們戴上強制性的裝備，這是開始教導規則的第一步。所謂的強制性裝備就如其名：比賽中是強制穿戴的裝備。強制性的裝備有全罩式頭盔與護脛，而非強制性的裝備有手套、護肘與護膝。任何活動都需在全數球員都已穿戴好裝備才能開始，這讓大家都認知到場上最重要的就是安全，這也是球季中球隊該有的氛圍。但是，球季中是否需要一直地強調教練對球隊的期望，這取決於教練團隊。

地板曲棍球比賽規則

　　地板曲棍球可能會造成傷害，其中大部分傷害是由球桿引起的。球桿也是造成比賽中大多數犯規判罰的原因。沒有數據顯示不正當使用球桿造成的傷害與正常使用而不小心造成傷害比例為何，已知的是，如果教練在訓練期間勤奮地指導球員，則可避免許多此類傷害和相關的犯規判罰。

　　例如：每次的訓練從球員熱身和伸展運動開始。球員開始慢跑時（也可以步行），應將裝備穿戴在身上並攜帶球桿，這讓每位球員都有機會熟悉正確地攜帶／使用球桿。這也可以讓教練有機會加強球員正確使用球桿的方法，包括握法，用兩隻手在不射門的過程中將球桿的底端盡可能低地放到地面上。教導球員隨時了解自己在用球桿做什麼，這可以避免受傷和不必要的犯規判罰。

最常見的判罰都是因為不正當地使用球桿造成的：舉桿過高、揮桿、非法撞人和絆人。裁判對於舉桿過高的判決是嚴格的，因為它有可能造成傷害。然而，各種的球桿犯規都有可能造成傷害。

球桿過高犯規代表球桿已超過球員的肩膀高度。球桿應隨時低於肩膀高度。球員也應了解球桿的底端應盡可能低地放到地面上。唯有射門後的隨球與傳球時，球桿會高過腰部。

揮桿犯規是球員為了搶球向對方球員揮舞球桿。正確的搶球方式稱作為干擾球桿。

非法撞人犯規是當球員為了搶球而衝撞對方球員。

絆人犯規並非由球桿造成，許多犯規原因是球員用球桿把對方球員絆倒。

教練若勤奮地在每次練習中教導球員如何正確地干擾球桿，比賽中的犯規會大幅減少。由此可見，教導曲棍球規則是練習中重要的一個環節。

教練應在練習中教導其他規則，比如說：

1. 正確開球陣式

2. 球門禁區

3. 正確地干擾球桿技巧

4. 正確地身體碰觸

5. 干擾

特殊奧運融合運動 ® 規則

官方特奧運動規則中特殊奧運融合運動 ® 的地板曲棍球有些許差異，差異如下：

1. 球員名單由一定比例的球員和運動夥伴組成。特殊奧運融合運動 ® 的地板曲棍球目標是組建一支由相同數量的特奧球員和同等運動能力的夥伴組成團隊，讓他們相輔相成。

2. 比賽中，場上陣容最多可以包含 3 個運動夥伴。比賽結束時，應遵守規則（E 章第一節）。

3. 團體運動應有 1 位非球員的成人教練，不得有身兼教練的球員。

抗議程序

抗議程序受比賽規則支配，並可能由比賽種類而異。只有違反規則時得以抗議，對於裁判方或是比賽組的決定都不得有異議。抗議必須從規則手冊中找出具體的違規行為，並明確定義教練為什麼認為未遵守規則的原因。

比賽管理團隊的作用是執行規則。教練對球員和球隊的責任是當認為場上有任何活動或事件有違官方地板曲棍球規則時，提出抗議。很重要的一點是，絕對不要因為比賽結果不如自己或是球員的期許而提出抗議。抗議是一件嚴重的事情，足以影響賽程。比賽開始前可與比賽管理團隊聯繫，以了解比賽的抗議程序。

地板曲棍球規則、制度與禮節

在訓練期與比賽中建立規則、制度與禮節也是培養運動家精神重要的一個環節。教練與球員接觸時保持有禮貌並給予尊重可以替球員設立美好的榜樣。

訓練中

教練應當：

- 練習開始之前，提早 15 分鐘到訓練場地。
- 準備好當日的教學並熟知相關規則。
- 開始練習前確認球員們都有穿戴好適當的裝備。
- 確認球員都有熱身、伸展與反覆練習動作。
- 備有球員最新的醫療資訊。
- 以同樣的方式平等對待每位球員。
- 給予指導或是糾正時，口氣平穩。
- 叫球員時稱呼名字。
- 維持冷靜愉悅的舉止。
- 聽球員與家長雙方的疑慮。
- 以尊重與令人安心的口吻回答球員的問題。
- 待人如待己。
- 替所有的球員與教練制定規則與期望。

球員應當：

- 準備好並準時來參加練習。
- 無法參加練習時，通知教練。
- 穿著適當的衣服（運動鞋以及合適尺寸的衣著）。
- 練習中盡力而為。
- 若有生病或受傷，讓教練知道。

比賽中

教練應當：

- 確認有帶上足夠的裝備。
- 比賽中知道球員在哪裡。
- 將所需的文件準備好（計分表之類的）。
- 複習所有的比賽規則與程序。
- 參與所有教練會議。
- 總是鼓勵球員盡力而為。
- 遵守誠實努力規則。
- 球員上場前確認裝備與衣著都有穿戴好。
- 備有球員最新的醫療資訊。
- 以尊敬的態度對待所有的賽事工作人員；請記得他們也是志工。
- 維持冷靜愉悅的舉止。
- 切勿使用粗言穢語或提高聲音怒罵。
- 感謝所有的比賽工作人員與官方人員。
- 替所有的球員與教練制定規則與期望。

球員應當：

- 準備好並準時來參加比賽。
- 無法參加比賽時，通知教練。
- 穿著適當的衣服（運動鞋以及合適尺寸的衣著）。
- 比賽中盡力而為。

指導訣竅

□ 與球員溝通時使用正面增強的方式。

□ 教導球員在練習中要學會輪流。

□ 總是教導正確的運動家精神。

□ 教導球員要在比賽結束後握手。

□ 鼓勵球員在比賽或練習中替隊友歡呼。

運動家精神

　　所謂的運動家精神指的是教練與球員承諾公平的競爭，並展現出道德的行為與誠信。以認知和實務訓練上來說，運動家精神的定義為公平、對對手的尊重以及不管輸贏都展現出品格，這些特性都可以透過與他人慷慨又真誠的互動中表現出來。以下我們歸納出一些重點和教導運動家精神的方法，教練們可以以身作則。

努力競爭

- 每一場比賽活動都盡自己最大的努力（尤其為種子球隊時）。
- 練習時如同比賽般努力。
- 不管輸或贏都盡自己最大的努力，絕不放棄。

公平競爭

- 遵守規則。
- 展現運動家精神並公平競爭。
- 尊重官方的決定。

教練應有的表現

- 以身作則，讓球員有好榜樣可以學習。
- 教導球員運動員精神的責任並要求他們將運動員精神與道德視為重要的事情。
- 尊重活動官方的裁判，遵守活動規則，並避免激怒球迷的行為。
- 尊重對手的教練、運動員和球迷。
- 與官方人員和對方教練公開地在比賽前後握手。
- 針對不遵守運動員精神的球員制定出並執行判罰。
- 遵守誠實努力規則（不管如何球隊都要盡力發揮）。
- 確認球隊組成適當來維持公平競爭，沒有遵守此項規定的隊伍有可能被淘汰。

球員與融合運動 ® 夥伴應有的表現

- 尊重隊友。
- 隊友犯錯時鼓勵他們。
- 尊重對手：比賽前後都與對方握手。
- 尊重活動官方的裁判，遵守活動規則，並避免激怒球迷的行為。
- 與活動官方、教練和隊友合以和平競爭。
- 如果另一個團隊表現不良，請勿報復（口頭或身體上）。
- 認真看待自己為特奧會的一份子所賦有的責任與權益。
- 盡力則為贏家。
- 達到教練所確立的運動家精神標準。

指導訣竅

☐ 總是與球員討論地板曲棍球的運動家精神、脾氣控制與行為控制。

☐ 每次比賽或是訓練後都頒發運動家精神獎或是類似的獎勵。

☐ 在球員展現運動家精神時稱讚他們。

☐ 給予其他隊伍尊重，不超分太多。

☐ 教導球員要尊重對手與自己。

☐ 教導球員要控制好自己的行為，尤其是生氣時。

☐ 教導球員要為自己的成就開心，但絕不嘲諷。

☐ 教導球員不管輸或贏都要恭喜對手。

地板曲棍球比賽球員服裝

　　所有比賽選手都需要穿著適當的地板曲棍球衣著練習或是比賽。教練應與球員討論練習與比賽時的適當與非適當衣著，以及討論適當衣著的重要性及優點和非適當衣著的缺點。教練應於練習及比賽時以身作則穿著適當的衣著。

上衣

　　平時訓練時，球員應穿著寬鬆的 T 恤，以便肩膀自由活動。比賽時，球員應穿著有背號的隊服（請參考隊服編號規則）。所有的上衣都應該長到足以讓球員塞進褲子裡。

長褲／短褲

　　教練應鼓勵球員穿著適當的運動褲，比如棉褲、暖身褲或是短褲。牛仔長短褲都非適當的練習或比賽衣物，牛仔褲會限制球員的活動力。

鞋子與襪子

　　合適的鞋子是球員打球時最重要的衣物。高筒籃球鞋或是運動鞋可以保護腳踝，極為推薦。有軟墊的鞋墊也可以保護足弓與腳跟，這在選擇合適的運動鞋時極為重要。確認鞋子的鞋帶位於鞋子上方。球員不應

穿著會於球場上留下印子的黑底鞋子。最後，球員應穿著襪子，以防腳
部起水泡。

外衣

　　練習或比賽前，球員應穿著適當的外衣暖身，並於暖身後保持身體
熱度，有時候也可以穿著暖身褲來提供更多保護。中厚型的棉衣棉褲是
經濟實惠的選擇。教練可以鼓勵球員帶著適當的外衣幫助他們於練習後
保暖。

地板曲棍球比賽球員裝備

　　地板曲棍球此項運動需要以下各項裝備，在此建議比賽與練習時都可以提供給球員良好的裝備。一位球員至少可以有一套裝備，可以的話，可以多準備幾套以備不時之需。另外，裝備需要定期檢查，確保沒有損壞，損壞的則需要替換補上。

頭盔（強制性）

　　頭盔是球員最重要的強制性保護裝備，它必須可以完全保護球員的頭部，並為全罩式的保護。頭盔必須有下顎帶。不管練習或是比賽中，球員都需要配戴頭盔，而頭盔的緊度必須是舒適的（不能太鬆或太緊）。

護脛（強制性）

護脛有分 3 種：塞在襪子裡的海綿墊（不推薦）、由腳踝部位延伸至膝蓋部位的塑膠套，以及進階球員使用的膝蓋至腳踝全長護脛。

手套

街頭曲棍球或滾球曲棍球使用的手套上方有護墊，球員被球桿打到時，可以保護球員的手。進階球員應該考慮將手套列為強制性裝備。

護肘

由地板曲棍球運動員戴在肘部或膝蓋上的護墊組成的防護設備。

守門員裝備

　　守門員的裝備包含一支符合規定的冰上／街頭／滾球曲棍球守門球桿與全罩式頭盔。守門員可以穿著符合規定的冰上／街頭／滾球曲棍球守門員護墊與手套或是類似的護手。守門員護墊不能超過冰上曲棍球護墊的大小。守門員需要適當的裝備，並且裝備尺寸需要剛好。裝備的樣式則可以隨守門員個人喜好。

球桿

　　地板曲棍球為厚度一致的棍棒，由木材或是玻璃纖維製成，周長為7.5-10 公分，長度為 90-150 公分，球桿底端削圓，底端不得有任何增大直徑的帶子、線材或其他物體。有些球桿底端會有一個盾點以減少球桿與地面的摩擦並預防木製地板受損。

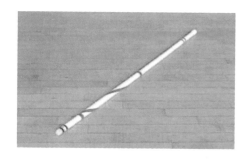

球

　　地板曲棍球為一個以纖維制的扁平圓盤物，並且中間有一孔，直徑為 20 公分，厚度 2.5 公分，重量為 140-225 克。

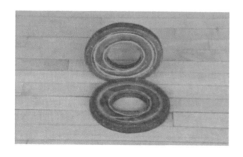

球門／球網

地板曲棍球的球門為 1.8 公尺寬，1.2 公尺高，0.6 公尺深，邊側與後面需有適當的球網。符合規定的冰上／街頭／滾球曲棍球的球門亦可以，請參考下列其餘器材清單。

其餘器材

訓練中有可能會需要輔助教學的器材，以下為可以有效輔助教練教學的器材：

- 哨子
- 圓錐或塔架
- 碼表或是電子計時器
- 器材袋
- 帶子（地板膠帶、美紋紙膠帶和布基膠帶）
- 比賽用背心
- 夾板
- 原子筆、鉛筆或氈尖馬克筆
- 標籤（標記球員頭盔用）
- 小工具（螺絲起子、鉗子等）
- 急救箱

地板曲棍球術語詞彙表

詞彙	定義
反手傳球	由下手往後揮桿傳球。
反手射門	右撇子的球員由左手射門，左撇子的球員由右手射門。
護牆	球場周圍的護牆。
身體干擾	利用身體撞擊對方帶球員使他失去控球。
非法撞人犯規	若當球員以跑或跳的方式衝撞對方球員，可被判處大或小處罰。
清球	球員將球打離開自己的防守區域。
橫桿衝撞犯規	用球桿直接不當推擠、撞擊打擊對手，而可能造成對方傷害的危險性動作。
防守	球員試圖阻止對方得分。
轉向	以球桿改變球的方向。
開球陣式	在爭球點爭球。
假動作	假裝往一個方向走，卻換方向。
快攻	在對方形成防守前就將球帶到得分區。
地板	運動場內或是其他可以打球的硬地板區。
正手傳球	由下手往前揮桿傳球。
正手射門	右撇子的球員由右手射門，左撇子的球員由左手射門。
犯規	會導致犯規判罰以及比賽暫停的動作。
傳球後移動	傳球給隊員並往前進接球。
球門／球網	由球門形成的區域，並由守門員守著，球需進網才算得分。
守門員禁區	守門員防守的區域（守門員須待在守門員禁區內，其他球員在外面）。
得分	將球打入球門內的動作。
守門員	在守門員禁區守球的球員。
守門員護墊	守門員專用的護墊及護具。

詞彙	定義
守門員球桿	守門員專用的球桿（符合規定的冰上／街頭／滾球曲棍球的守門員球桿也可以）。
頭盔	塑膠的球盔，並附有下顎帶。所有的球員在場上都需要戴頭盔。
舉桿過高犯規	將球桿桿頭舉起超過肩膀而可能對於其他球員造成危險。
抱人犯規	球員用球桿、手套、手臂等不正當地蓄意抓住、抱住對方的身體任何部位，企圖使對方球員無法行動。
干擾	若球員妨礙沒有控球的對方球員前進時，將會被判處小處罰。
球衣	背後有號碼的球衣。
挑球射門	將球挑起來後射門。
進攻	球員試圖以傳球組合與射門得分。
加時	比賽平手時繼續比賽。
傳球	將球傳給隊員。
犯規判罰	犯規球員在坐檻區罰坐一分鐘（小罰）、兩分鐘（大罰）或被逐出場。
球員位置	前鋒、中鋒、後衛與守門員。
曲棍球球餅	貌似甜甜圈的碟片。
反彈球	射門時被守門員擋掉跳回場上的球。
裁判	場上掌控比賽並裁定犯規的官方人員。
粗暴動作	若球員以手肘或膝部侵犯對方球員，裁判將會視乎情況向違規者判處大／小處罰。
防護	守在球與守門員之間。
射門	將球射進球門。
射門角度	依據球員位置而決定可以將球射進球門的角度。
球桿	用來控球的木棍，其下端為圓型。
球桿干擾	用球桿碰擊對方的球或球桿的搶球動作。
球桿控球	以球桿操控球。
替換位置	球員替補上另一位球員的場上位置。
絆人	不正當地蓄意絆倒對方。
護牆傳球	利用護牆輔助傳球。

173

特殊奧運地板曲棍球教練指南
地板曲棍球教練快速入門指南

目錄

致謝

　　國際特殊奧林匹克運動會向協助製作本地板曲棍球指導原則的專家、志工、教練，與球員們致謝。他們幫助我們完成特殊奧運的使命：為 8 歲以上的智能障礙人士提供各種奧林匹克型體育活動全年的運動訓練和競技比賽，使他們持續有機會發展健康體能，展現勇氣，體驗快樂，參與並與家人、其他的特奧運動員與團體分享他們的天分、技巧和友誼。

　　特殊奧運歡迎您提出看法與意見，以便將來對本指導原則進行修訂。如果因任何理由而疏忽了對您的答謝，我們深表歉意。

特約作者

　　卡拉・卡帕爾多，北加州特殊奧運會

　　克里斯・戴，特殊奧運會地板曲棍球資源小組

　　吉姆・戴，特殊奧運會地板曲棍球技術代表

　　蘭迪・克萊，北加州特殊奧運會

　　戴夫・雷諾克斯，特殊奧運會

　　克里斯・羅根，紐約特殊奧運會

　　楠西・羅根，紐約特殊奧運會

　　萊恩・墨菲，特殊奧運會

特別感謝以下人士提供的所有幫助和支持

　　弗洛依德・克洛斯敦，特殊奧運球員

　　尼爾・強生，總裁兼首席執行官，紐約特殊奧運會

　　卡爾拉・西里雅尼，特殊奧運會

　　凱莉・華爾斯，特殊奧運會

　　保羅・威查得，特殊奧運會

　　紐約特殊奧運會

北美特殊奧運會

紐約特殊奧運會球員出演的影片片段

傑佛瑞・艾黛爾森－ #10

艾倫・貝卡瑞里－ #20

強納森・貝卡瑞里－ #24

梅爾・布朗－ #1

約瑟夫・卡拉寇－ #14

麥可・寇斯帝落－ #22

理查・唐尼－ #2

約翰・強納庫洛斯－ #13

麥可・哈特利－ #5

謝恩・霍曼－ #30

丹妮爾・奧蘭蒂－ #15

史黛西・莉斯寇－ #23

安琪・利委拉－ #3

理查・洛森－ #11

金伯莉・凡史力克－ #12

艾伯特・貝卡瑞利－教練

地板曲棍球賽季規劃

一個賽季中，球員有許多需要學習的技能。整個賽季的訓練計畫可以幫助教練以有系統的方式來介紹各種技能，以下的計畫表是兩周為一期的模式架構而成的。請記得：每次的練習都個別給守門員 10-15 分鐘的個別練習。如果沒有助理教練，這有可能需要在練習前後進行。

基礎訓練	
球員將裝備戴上 熱身 第一項練習 喝水休息 第二項練習／爭球練習 緩和運動 球員將裝備收好	
賽季前	
第一周	球員／家長會議 第一項練習：使用個人技能比賽來評量球員們 第二項練習／爭球練習：完成個人技能比賽評量
第二周	第一項練習：傳球與接球 第二項練習／爭球練習：躲避球
賽季中	
第三周	第一項練習：檢查球桿與開球陣式 第二項練習／爭球練習：二對二練習
第四周	第一項練習：紅綠燈與偷培根練習 第二項練習／爭球練習：練習射門
第五周	第一項練習：球員評估：小型比賽，所有球員都上場 第二項練習／爭球練習：使用評量結果，讓球員反覆練習需要練習的技能
第六周	第一項練習：掩護球門 第二項練習／爭球練習：傳球後移動練習
第七周	第一項練習：三角練習 第二項練習／爭球練習：打一場完整比賽
第八周	第一項練習：四角落練習 第二項練習／爭球練習：打一場完整比賽

地板曲棍球的訓練要素

　　特殊奧運的球員對於簡單且有組織的練習程序會有良好的反應，因為他們會熟悉這樣的練習程序。有組織的訓練計畫並提早到場地作準備可以幫助有效運用時間。以下為基本訓練計畫：

熱身

- 每一位球員都要熱身。
- 每一組肌肉都需要伸展。
- 讓球員帶操，必要時，由教練一旁輔助。

技能指導

- 快速複習已學過的技能。
- 介紹當天的練習主題。
- 以熱情活潑的方式簡單示範主題技能。
- 可以的話，分成小組練習。
- 必要時，輔助並提示能力較低的球員。
- 於練習前半段介紹和練習新技能。

比賽經驗

- 球員在比賽中可以學到許多經驗。
- 利用一對一或是三對二的練習來指導基本技能。
- 利用爭球練習來教導比賽技巧與球隊合作。
- 儘量以好玩又有競爭性的活動來做每次練習的結尾。

緩和

- 慢跑、走、拉筋。
- 球員在拉筋時，針對當日練習或是下次練習表現給予講評。
- 以喊球隊口號結束練習。

訓練注意事項

- 設計訓練、運動與技能練習時，應考慮到每位球員與球隊的優勢與劣勢，並選擇能讓球員進步的活動。
- 讓練習變得有趣。設計可以讓球員專注的練習。利用球員喜歡的運動和練習，減少負擔並樹立正向的球隊態度。練習的設計，要足以提高球員技能水準，不至於讓球員感到厭煩。
- 長話短說，簡短扼要地說明比冗長的解釋還要好。
- 願意創造並修改練習來符合球隊的需求。能力好的球員很快能駕馭技能時，可以加入新的變化讓練習變得有挑戰。
- 介紹新的技能與技巧時，也要複習基本動作。反覆練習基本功是讓球員的技能進步很好的方式。
- 於練習的前半段就介紹新的技能，因為此時球員們還很有精神，專注力也足夠。練習新的技能幾回之後，再加上較複雜的練習跟比賽演練。
- 用技能練習與爭球練習來鼓勵球員之間的溝通與團隊合作。
- 最重要的一件事：一切都需要完善的規劃。

執行安全的訓練課程準則

　　儘管風險很小，但是教練有責任確保球員了解、理解、與尊重地板曲棍球有可能帶來的風險。球員的安全與健康是教練的首要考量。地板曲棍球通常不是危險的運動，但是運動傷害依然有可能發生。主教練有責任提供球員安全的環境，並減少球員任何受傷的可能。

1. 在第一次練習就樹立好清楚的規則，並強力執行這些規則。
   - 自己的手跟球桿要管理好。
   - 聽教練的話。
   - 聽到哨聲響起，停、看、聽。
   - 要離開練習場地之前，先請示教練。
2. 天氣欠佳時，立即啟動雨備計畫，帶球員離開天氣不佳的現場。
3. 鼓勵球員自備水。
4. 隨時準備好齊全的急救箱，必要時補充庫存。
5. 所有的教練與球員都要經過緊急狀況演習訓練。
6. 查看急救和緊急處理程序。在訓練和比賽期間，建議要有會心肺復甦術的人員在場。
7. 巡視場地並移除不安全的物品，尤其注意雜物繁多的室內體育館，移除任何球員有可能撞到的東西。
8. 練習開始前要適度地暖身與伸展，以預防肌肉受傷。練習結束時也要收操伸展。
9. 訓練球員增強體能。體能好的球員較不容易受傷，訓練最好儘量是動態的。
10. 球員在做面對面練習時（如一對一練習）時，確認雙方的能力是相當的。
11. 要求所有球員都穿戴護具，也建議戴護齒器。

選擇隊員

　　傳統特殊奧運或特奧融合運動成功的關鍵之一就是選擇適當的球隊成員。以下提供主要的注意事項：

能力分組

　　傳統或聯合地板曲棍球中，球隊合作最佳的狀態是當所有的隊員有程度相近的技能，地板曲棍球球隊應該由能力相當的隊員組織而成。具有能力過於優越的隊友或融合運動夥伴在場上時，比賽會由他們主導。這兩種狀況都會減少球員間互動和球隊合作，場上球員無法得到真正的競賽經驗。

年齡分組

　　所有的隊員應盡量年齡相似。

- 21 歲以下的球員，年齡差介於 3-5 歲。
- 22 歲以上的球員，年齡差介於 10-15 歲。

在融合運動中打造有意義的參與

　　融合運動秉持著特殊奧運的理念與原則，為了提供球員與運動夥伴有意義的參與經驗，每一位隊員都應發揮作用，並有機會為球隊貢獻。另外，所謂有意義的參與，指的是融合運動球隊內的互動與競爭品質。球隊中有意義的參與可以確保每位球員都有正向有益的體驗。

有意義的參與指標

- 隊員於競賽中沒有造成自己或是別人的受傷。
- 隊員於競賽中遵守比賽規則。
- 隊員有能力與機會為球隊貢獻。
- 隊員知道如何與其他隊員合作，並讓能力較差的隊員進步。

何時無法達成有意義的參與

- 比起其他隊員擁有較強的能力。
- 在場上當起教練，而非隊員。
- 在關鍵時刻操控比賽。
- 平時練習不出席，只出席比賽。
- 為了不讓別人受傷或是控制比賽，而隱藏自己的能力。

地板曲棍球比賽球員服裝

　　所有比賽選手都需要穿著適當的地板曲棍球衣著練習或是比賽。教練應與球員討論練習與比賽時的適當與非適當衣著，以及討論適當衣著的重要性及優點和非適當衣著的缺點。教練應於練習及比賽時以身作則穿著適當的衣著。

上衣

　　平時訓練時，球員應穿著寬鬆的Ｔ恤，以便肩膀自由活動。比賽時，球員應穿著有背號的隊服（請參考隊服編號規則）。所有的上衣都應該長到足以讓球員塞進褲子裡。

長褲／短褲

　　教練應鼓勵球員穿著適當的運動褲，比如棉褲、暖身褲或是短褲。牛仔長短褲都非適當的練習或比賽衣物，牛仔褲會限制球員的活動力。

鞋子與襪子

　　合適的鞋子是球員打球時最重要的衣物。高筒籃球鞋或是運動鞋可以保護腳踝，極為推薦。有軟墊的鞋墊也可以保護足弓與腳跟，這在選擇合適的運動鞋時極為重要。確認鞋子的鞋帶位於鞋子上方。球員不應穿著會於球場上留下印子的黑底的鞋子。最後，球員應穿著襪子，以防腳部起水泡。

外衣

練習或比賽前，球員應穿著適當的外衣暖身，並於暖身後保持身體熱度，有時候也可以穿著暖身褲來提供更多的保護。中厚型的棉衣棉褲是經濟實惠的選擇。教練可以鼓勵球員帶著適當的外衣幫助他們於練習後保暖。

地板曲棍球比賽球員裝備

地板曲棍球此項運動需要以下各項裝備，在此建議比賽與練習時都可以提供給球員良好的裝備。一位球員至少可以有一套裝備，可以的話，可以多準備幾套以備不時之需。另外，裝備需要定期檢查，確保沒有損壞，損壞的則需要替換補上。

頭盔（強制性）

頭盔是球員最重要的強制性保護裝備，它必須可以完全保護球員的頭部，並為全罩式的保護。頭盔必須有下顎帶。不管練習或是比賽中，球員都需要配戴頭盔，而頭盔的緊度需要是舒適的（不能太鬆或太緊）。

護脛（強制性）

　　護脛有分三種：塞在襪子裡的海綿墊（不推薦）、由腳踝部位延伸至膝蓋部位的塑膠套，以及進階球員使用的膝蓋至腳踝全長護脛。

手套

　　街頭曲棍球或滾球曲棍球使用的手套上方有護墊，球員被球桿打到時，可以保護球員的手。進階球員應該考慮將手套列為強制性裝備。

守門員裝備

　　守門員的裝備包含一支符合規定的冰上／街頭／滾球曲棍球守門球桿與全罩式頭盔。守門員可以穿著符合規定的冰上／街頭／滾球曲棍球守門員護墊與手套或是類似的護手。守門員護墊不能超過冰上曲棍球護墊的大小。守門員需要適當的裝備，並且裝備尺寸需要剛好。裝備的樣式則可以隨守門員個人喜好。

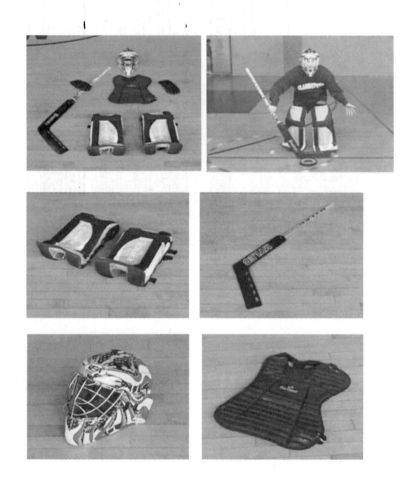

球桿

　　地板曲棍球為厚度一致的棍棒，由木材或是玻璃纖維製成，周長為 7.5-10 公分，長度為 90-150 公分，球桿底端削圓，底端不得有任何增大直徑的帶子、線材或其他物體。有些球桿底端會有一個盾點以減少球桿與地面的摩擦並預防木製地板受損。

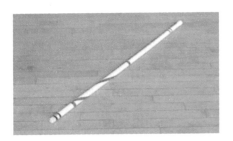

球

　　地板曲棍球為一個以纖維制的扁平圓盤物，並且中間有一孔，直徑為 20 公分，厚度 2.5 公分，重量為 140-225 克。

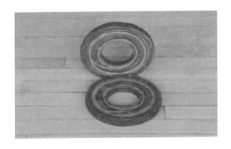

球門／球網

　　地板曲棍球的球門為 1.8 公尺寬，1.2 公尺高，0.6 公尺深，邊側與後面需有適當的球網。符合規定的冰上／街頭／滾球曲棍球的球門亦可以，請參考下列其餘器材清單。

其餘器材

訓練中有可能會需要輔助教學的器材，以下為可以有效輔助教練教學的器材：

- 哨子
- 圓錐或塔架
- 碼錶或是電子計時器
- 器材袋
- 帶子（地板膠帶、美紋紙膠帶和布基膠帶）
- 比賽用背心
- 夾板
- 原子筆、鉛筆或氈尖馬克筆
- 標籤（標記球員頭盔用）
- 小工具（螺絲起子、鉗子等）
- 急救箱

地板曲棍球規則教學

優秀的教練會在球季訓練開始便教導球員地板曲棍球的規則。總教練應在球季訓練的開端與所有的球員、教練以及家長／監護人開會，並表達對球員們的期望。教練需要讓球員了解他期望球員有良好的運動員精神與參與態度。每次的練習中可以包括一些大方向的規則討論；但是，每一次練習都會有講授規則的過程。

每次的練習一開始，教練都應要求球員們戴上強制性的裝備，這是開始教導規則的第一步。所謂的強制性裝備就如其名：比賽中是強制穿戴的裝備。強制性的裝備有全罩式頭盔與護脛，而非強制性的裝備有手套、護肘與護膝。任何活動都需在全數球員都已穿戴好裝備才能開始，這讓大家都認知到場上最重要的就是安全，這也是球季中球隊該有的氛圍。但是，球季中是否需要一直地強調教練對球隊的期望，這取決於教練團隊。

地板曲棍球比賽規則

地板曲棍球可能會造成傷害，其中大部分傷害是由球桿引起的。球桿也是造成比賽中大多數犯規判罰的原因。沒有數據顯示不正當使用球桿造成的傷害與正常使用而不小心造成傷害比例為何，已知的是，如果教練在訓練期間勤奮的指導球員，則可避免許多此類傷害和相關的犯規判罰。

例如：每次的訓練從球員熱身和伸展運動開始。球員開始慢跑時（也可以步行），應將裝備穿戴在身上並攜帶球桿，這讓每位球員都有機會熟悉正確地攜帶／使用球桿。這也可以讓教練有機會加強球員正確使用球桿的方法，包括握法，用兩隻手在不射門的過程中將球桿的底端盡可能低地放到地面上。教導球員隨時了解自己在用球桿做什麼，這可以避免受傷和不必要的犯規判罰。

最常見的判罰都是因為不正當地使用球桿造成的：舉桿過高、揮桿、非法撞人和絆人。裁判對於舉桿過高的判決是嚴格的，因為它有可能造成傷害。然而，各種的球桿犯規都有可能造成傷害。

球桿過高犯規代表球桿已超過球員的肩膀高度。球桿應隨時低於肩膀高度。球員也應了解球桿的底端應盡可能低地放到地面上。唯有射門後的隨球與傳球時，球桿會高過腰部。

揮桿犯規是球員為了搶球向對方球員揮舞球桿。正確的搶球方式稱作為干擾球桿。

非法撞人犯規是當球員為了得分而用雙手搶球衝撞對方球員。

絆人犯規並非由球桿造成，許多犯規原因是球員用球桿把對方球員絆倒。

教練若勤奮地在每次練習中教導球員如何正確地干擾球桿，比賽中的犯規會大幅減少。由此可見，教導曲棍球規則是練習中重要的一個環節。

教練應在練習中教導其他規則，比如說：

1. 正確開球陣式

2. 球門禁區

3. 正確的干擾球桿技巧

4. 正確的身體碰觸

5. 干擾

特殊奧運融合運動®規則

官方特奧運動規則中特殊奧運融合運動®的地板曲棍球有些許差異，差異如下：

1. 球員名單由一定比例的球員和運動夥伴組成。特殊奧運融合運動®的地板曲棍球目標是組建一支由相同數量的特奧球員和同等運

動能力的夥伴組成團隊，讓他們相輔相成。

2. 比賽中，場上陣容最多可以包含 3 個運動夥伴。比賽結束時，應遵守規則（E 章第一節）。

3. 團體運動應有 1 位非球員的成人教練，不得有身兼教練的球員。

抗議程序

抗議程序受比賽規則支配，並可能由比賽種類而異。只有違反規則時得以抗議，對於裁判方或是比賽組的決定都不得有異議。抗議必須從規則手冊中找出具體的違規行為，並明確定義教練為什麼認為未遵守規則的原因。

比賽管理團隊的作用是執行規則。教練對球員和球隊的責任是當認為場上有任何活動或事件有違官方地板曲棍球規則時，提出抗議。很重要的一點是，絕對不要因為比賽結果不如自己或是球員的期許而提出抗議。抗議是一件嚴重的事情，足以影響賽程。比賽開始前可與比賽管理團隊聯繫，以了解比賽的抗議程序。

地板曲棍球術語詞彙表

詞彙	定義
反手傳球	由下手往後揮桿傳球。
反手射門	右撇子的球員由左手射門，左撇子的球員由右手射門。
護牆	球場周圍的護牆。
身體干擾	利用身體撞擊對方帶球球員使他失去控球。
非法撞人犯規	若當球員以跑或跳的方式衝撞對方球員，可被判處大或小處罰。
清球	球員將球打離開自己的防守區域。
橫桿衝撞犯規	用球桿直接不當推擠、撞擊打擊對手，而可能造成對方傷害的危險性動作。
防守	球員試圖阻止對方得分。
轉向	以球桿改變球的方向。
開球陣式	在爭球點爭球。
假動作	假裝往一個方向走，卻換方向。
快攻	在對方形成防守前就將球帶到得分區。
地板	運動場內或是其他可以打球的硬地板區。
正手傳球	由下手往前揮桿傳球。
正手射門	右撇子的球員由右手射門，左撇子的球員由左手射門。
犯規	會導致犯規判罰以及比賽暫停的動作。
傳球後移動	傳球給隊員並往前進接球。
球門／球網	由球門形成的區域，並由守門員守著，球需進網才算得分。
守門員禁區	守門員防守的區域（守門員須待在守門員禁區內，其他球員在外面）。
得分	將球打入球門內的動作。
守門員	在守門員禁區守球的球員。
守門員護墊	守門員專用的護墊及護具。

詞彙	定義
守門員球桿	守門員專用的球桿（符合規定的冰上／街頭／滾球曲棍球的守門員球桿也可以）。
頭盔	塑膠的球盔，並附有下顎帶。所有的球員在場上都需要戴頭盔。
舉桿過高犯規	將球桿桿頭舉起超過肩膀而可能對於其他球員造成危險。
抱人犯規	球員用球桿、手套、手臂等不正當地蓄意抓住、抱住對方的身體任何部位，企圖使對方球員無法行動。
干擾	若球員妨礙沒有控球的對方球員前進時，將會被判處小處罰。
球衣	背後有號碼的球衣。
挑球射門	將球挑起來後射門。
進攻	球員試圖以傳球組合與射門得分。
加時	比賽平手時的繼續比賽。
傳球	將球傳給隊員。
犯規判罰	犯規球員在坐檻區罰坐 1 分鐘（小罰）、2 分鐘（大罰）或被逐出場。
球員位置	前鋒、中鋒、後衛與守門員。
曲棍球球餅	貌似甜甜圈的碟片。
反彈球	射門時被守門員擋掉跳回場上的球。
裁判	場上掌控比賽並裁定犯規的官方人員
粗暴動作	若球員以手肘或膝部侵犯對方球員，裁判將會視乎情況向違規者判處大／小處罰。
防護	守在球與守門員之間。
射門	將球射進球門。
射門角度	依據球員位置而決定可以將球射進球門的角度。
球桿	用來控球的木棍，其下端為圓型。
球桿干擾	用球桿碰擊對方的球或球桿的搶球動作。
球桿控球	以球桿操控球。
替換位置	球員替補上另一位球員的場上位置。
絆人	不正當地蓄意絆倒對方。
護牆傳球	利用護牆輔助傳球。

附錄：技能發展訣竅

持桿

掌控球桿是地板曲棍球最重要的事情。如果沒有教球員如何持桿，教練無法教會球員地板曲棍球。

球員的程度

初級程度的球員對於球桿的掌控範圍非常有限。他們很少能球桿接球，也有可能傳球時揮空。他們的握法會隨著每次練習而改變，也有可能換側。他們持球時，會看著球，而不是場上其他的球員。您要求他們傳球時，他們通常不會看著他們要給球的球員。傳球時，有可能揮空。另外，他們很有可能持桿過高。

中級程度的球員對於他們的球桿有些掌控能力。他們通常可以用球桿接球，並傳球至他們的目標方向，但無法傳給目標隊員。他們已發

展出自己對球桿的握法，並已有慣用側。他們需要看球才能知道球是否在自己手裡，但是他們可以隨著球行動，並有一半的時間可以看球，另一半的時間不用看球。如果他們集中注意力，他們可以在無壓力的狀況下拋球傳球。這個程度的球員，他們理解持桿過高的概念，並會注意將球桿壓低。

高級程度的球員已可以完全掌控球桿。他們已會用球桿接球，並準確傳球給目標球員。他們可以邊移動邊運球，並且身體兩側都可以使用球桿。他們會拋球傳球，並懂得視狀況運用不同的握桿法，以幫助他們將球帶到目標位置（球門等）。

握桿

技能教學

球員學習傳球前，他們必須先學習球桿的正確握法。教導他們基本握法：慣用手在下方。如果球員是右撇子，右手應握在左手下方。讓球員與球桿握手，手掌朝上，好像要握鏟子一樣。兩手中間相隔距離為兩寸，手肘放鬆並彎曲，手臂也放鬆，並就準備姿勢。如果這個握法不舒適，可以試試看換手，將慣用手握在上方。除此之外，手掌朝下，好像掃地般移動手，試試看是否這樣的握法比較舒服。

運球

技能教學

　　「運球」是讓球員在場上邊移動邊控球的移動。您的球員需要同時注意幾項事情：他們與其他隊員的相對位置，對手的位置，以及球門的位置。在此，「熟能生巧」——也就是說，越多的場上經驗，可以讓球員進步得越快。讓球員專注於他們要去的目的地，再加上一些障礙物，反覆練習加強。

持桿練習

1. 手套練習：

手套球員運球穿越一直線，兩旁站兩排間隔 2 公尺的隊員們。中間的運球空間應至少 2 公尺寬。如果兩旁有球員成功干擾手套球員，他則變成下一位手套球員，並於起點重新開始，被干擾的球員則取代他的位置。兩側的球員不可以越界至走道上；只能干擾走道中的球員。注意：兩側的球員不可以搶球，只可以試圖推球。

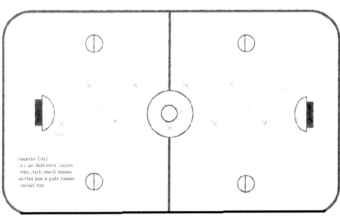

Gauntlet Drill
-(x) an defensive player
who stick check runner
-dotted line x path runner
should 'run'

2. 音樂球練習：

　　球員於圍成一圈的角錐內跑步。吹哨後，每位球員需要從中央運一顆球至圈外或是界線外。圈內的球數少於球員，所以沒有拿到球的球員就被淘汰。這項練習有許多不同種玩法，可以變化球數或是獲勝的贏家人數。

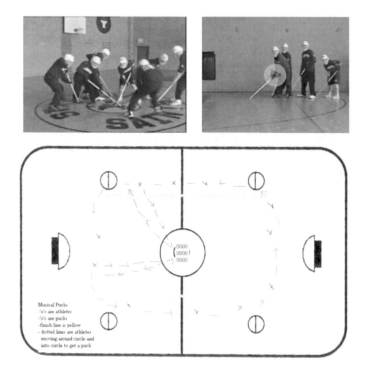

注意：更詳細的持桿練習請參照完整版的〈地板曲棍球技能教學〉。

傳球

傳球是球員在場上將球傳給別人的動作。

技能教學

傳球時，球員使用任何可以接受的握桿法。教練應該要示範基本的握法，然後依照球員需要調整。球員推球時需要往前踏一步，隨球時應將球桿底端指向傳球方向。球員有自信後，讓他們離目標遠一些，試著退後至離起點雙倍遠的距離。球員更有自信後，讓他們傳球更快速，更用力，並著重在速度與精準度。

傳球練習

1. 準確度練習：

　　讓球員於角錐之間來回傳球。一開始請他們慢慢傳，隨著他們越來越熟悉，讓他們各自往後退，並鼓勵他們加快速度與力道。

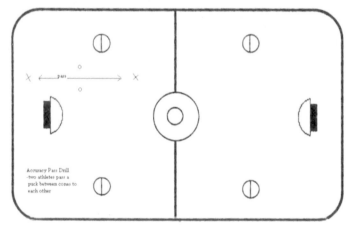

2. 凌波練習：

　　這個練習的重點為掌控球桿（預防傳球後球桿過高）。教練站於 2 個角錐前方，拿著一支球桿，球桿與地板平行並在球員腰間的高度（隨著每個球員高度調整）。球員排成一隊伍，每次 1 位，跑向角錐傳球至指定的目標或是另外一位球員，不可以碰到教練的球桿。

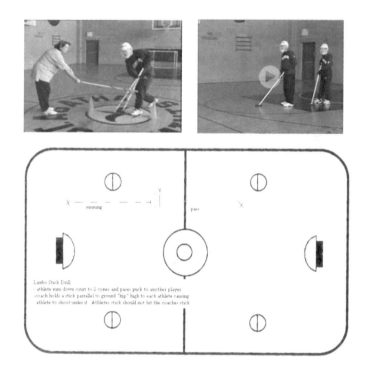

3. 二對二練習：

　　讓球員於場地的兩端排成兩橫排。4 位球員向前進（2 位進攻、2 位防守）。哨聲響起後，進攻員需要傳球給彼此，其他的球員朝場地另一端跑去。防守員 1) 試圖干擾進攻的球員，2) 試圖擋住進攻員的視線，或 3) 試著搶球。當防守員成功地阻礙進攻員並搶球成功，防守員變成

為進攻員，原本的進攻員成為防守員。這項練習與一對一練習一樣，只是每次有兩位球員合作。

注意：更詳細的傳球練習請參照完整版的〈地板曲棍球技能教學〉。

接球

接球是把傳過來的球停下來並掌控它的動作。

技能教學

接球的人需要在球向自己接近時專注於球的動態。教練需要示範給球員看如何往前跨出去，並以球桿的內側「接住」在移動的球，或是用腳將它停住。必要時，球員可以用手將球打停住。

接球練習

1. 圓圈練習：

　　將球員排列成一個圓形。一位球員將球傳給另一位球員，第二位球員則需要在圈外運球一圈後，再回到自己的位置，然後再傳球給下一位。請確認所有的球員都有練習到。

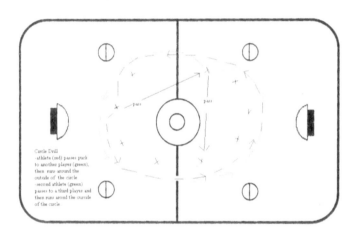

2. 傳完就移動練習：

將球員分組，2人一組。第一位球員傳球至場中，再跑超越隊員去接隊員傳來的球。2位球員要繼續這樣的步驟直到兩人到達場地的另一端。這項練習幫助球員在場上注意到隊員們的位置。注意：傳球都應該是往前傳（於接球者與球門之間），這樣接球者才不需要慢下來或是停下來，讓球員知道「不要慢下來」跟「不要停下來」很重要。

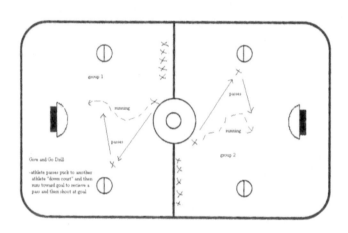

注意：更詳細的接球練習請參照完整版的〈地板曲棍球技能教學〉。

球桿干擾

　　干擾的動作為使用自己的球桿瞬間將對手的球桿干擾離球，並將自己的球桿放在球的旁邊。這是搶球最有效的方式。

技能教學

　　指導球員帶球移向別的球員。讓球員將其桿底端移至對方球桿的下方後，迅速地將球桿向上或側邊移動，使對方的球桿離開球旁。然後，球員將自己的球桿放於球旁，等同於搶球成功。有時，球會離開球員，示範給球員看如何追球並如何掌控它。

注意：更詳細的接球練習請參照完整版的〈地板曲棍球技能教學〉。

球桿干擾練習

1. 音樂球練習：

　　球員於圍成一圈的角錐內跑步。吹哨後，每位球員需要從中央運一顆球至圈外或是界線外。圈內的球數少於球員，所以沒有拿到球的球員就被淘汰。這項練習有許多不同種玩法，可以變化球數或是獲勝的贏家人數。

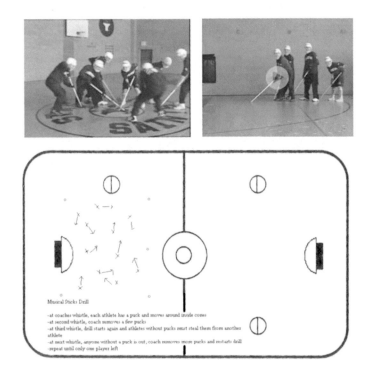

Musical Sticks Drill

-at coaches whistle, each athlete has a puck and moves around inside cones
-at second whistle, coach removes a few pucks
-at third whistle, drill starts again and athletes without pucks must steal them from another athlete
-at next whistle, anyone without a puck is out, coach removes more pucks and restarts drill
-repeat until only one player left

2. 手套練習：

　　手套球員運球穿越一直線，兩旁站兩排間隔 2 公尺的隊員們。中間的運球空間應至少 2 公尺寬。如果兩旁有球員成功干擾手套球員，他則變成下一位手套球員，並於起點重新開始，被干擾的球員則取代他的位置。兩側的球員不可以越界至走道上；只能干擾走道中的球員。注意：兩側的球員不可以搶球，只可以試圖推球。

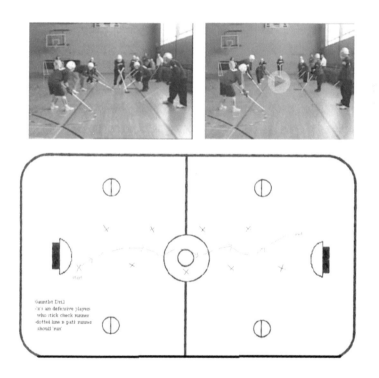

注意：更詳細的球桿干擾練習請參照完整版的〈地板曲棍球技能教學〉。

開球陣式

開球陣式是球賽每次停止後，再重新開始比賽的動作。

技能教學

使用場上其中一個開球圈，讓您的中鋒站在線的其中一側，另一隊的中鋒站在線的另一側。示範給中鋒們要把球桿擺在什麼地方（開球圈內屬於他們那側的任何地方），並幫他們將球揮出去爭球圈，讓他們知道該怎麼做。解釋給球員聽，這個動作是在哨聲響起後做的，而且他們不可以直接控球，而是要傳球給隊員。讓一位球員試試看之後，教練可以對於球員站的位置（太遠或太近）、手、腳，或身體姿勢給予指正。重複練習直到球員充分了解該怎麼做。

開球陣式練習

1. 揮桿傳球練習：

於教練的哨聲後，球員傳球給已站定位的隊員；若準確地傳球成功，便得分。

2. 快速揮桿練習：

於教練的哨聲後，兩位球員嘗試將球揮出爭球圈。第二回，勝部對勝部，敗部對敗部。

3. 角錐傳球練習：

於教練的哨聲後，球員傳球給位於爭球圈外、不同角度的隊員。此練習的目地是讓球員傳球的準確度進步。

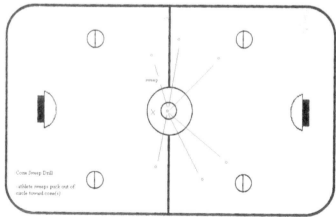

4. 揮桿射門練習：

於教練的哨聲後，球員揮桿射門。

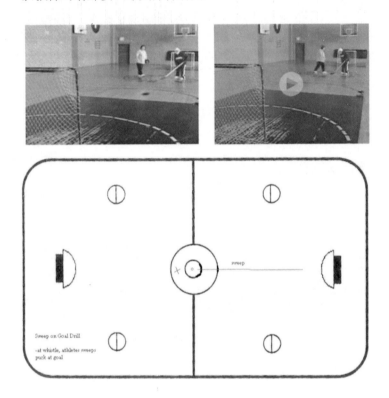

注意：更詳細的開球陣式練習請參照完整版的〈地板曲棍球技能教學〉。

射門

　　射門是試圖將球推進球門內，以達到得分目的的動作。

技能教學

　　球員需要將球桿底端擺於球的內側，並讓他們眼睛看著球。往前踏
步時，讓他們朝球門揮桿，並確認他們揮桿後，隨球的方向是指著球門。
教練應教導球員以下射門方式：

1. 在球門前
2. 球網內的各種角度
3. 球網內的各個角落
4. 往球門移動時
5. 移動中接球後
6. 被防守時
7. 遮蔽守門員並避開球門區
8. 由球門彈射出來的球並避開球門區
9. 做假動作，假裝朝另一個方向射門
10. 以最準確最快的速度

正手射門

　　球員面對球門，並用慣用手控球。慣用手應位於球桿較低的位置，
手臂完全延伸，手掌朝上。另外一手應接近於球桿頂端，手掌朝下。眼
睛看著目標，球員應將球退後幾寸的距離再往前，射門時非慣用腳往前
跨一步，並做出隨球動作。隨球時，球桿應指著目標，並低於腰際的位
置。手腕的扭轉可以讓射門有更大的力量。

挑球射門（正手）

注意！正手挑球射門與正手射門的技巧非常相似，除了以下幾點：

1. 球桿的底端需要碰觸球前方的下側，才能達到挑球的效果。

2. 正手挑球射門通常不會如反手射門般在空中翻騰，正手挑球射門更有力道，卻更難學會。

3. 要達到最有利的正手挑球射門，通常右手腕要用力扭轉一下。

4. 對有些球員來說，手往前帶並扭轉手腕後，再將上半身壓低於球的上方是有效的挑球方式。

反手射門

球員面對球門，用非慣用手控球。慣用手位於球桿較低的位置，手臂完全延伸，手掌朝上。另一手應接近於球桿頂端，手掌朝下。眼睛看著目標，球員應將球退後幾寸的距離再往前，射門時慣用腳往前跨一步，並做出隨球動作。隨球時，球桿應指著目標，並低於腰際的位置。手腕扭轉應該可以讓射門有更大的力量。

注意：如果由身體右側射門，左腳往前踏；如果由身體左側射門，右腳往前踏。

挑球射門（反手）

教導方式如反手射門一樣，但是手腕扭轉更大，手臂也甩得更大力。通常射出去的球會呈現一個旋轉的動態，不如反手射門的球來得直。

需要注意的是讓球桿的底端碰觸球的前方下側，才能成功挑球。一旦球員學會強而有力的反手挑球射門，他們就已準備好學習如何同時有力地挑球。此種射門不同的地方在於球飛起時不會翻轉，而會因著空氣動力學，如飛碟般地飄飛。

進階技能

　　球員的射門技能進步時，可以適當地讓他們知道以下幾種射門方式：

- 動力射門－邊跑邊射門是最常見的射門法，應鼓勵球員多嘗試。
- 滑翔射門－身體滑向射門的那一側（如同棒球滑壘）。
- 盲目射門－背對球門，看不到球門的狀況下射門。
- 腳間射門－如同反手射門般持桿，將球從腳中間擊出，看不到球門的狀況下射門。
- 重導射門－重新將球導向球門。通常是接球或是射門沒進後的動作。球由球門邊彈出，球員重新將球再度導向球門。

射門練習

1. 凌波練習：

　　這個練習的重點為掌控球桿（預防傳球後球桿過高）。教練站於兩個角錐前方，拿著一支球桿，球桿與地板平行並在球員腰間的高度（隨著每個球員高度調整）。球員排成一隊伍，每次1位，跑向角錐傳球至指定的目標或是另外一位球員，不可以碰到教練的球桿。

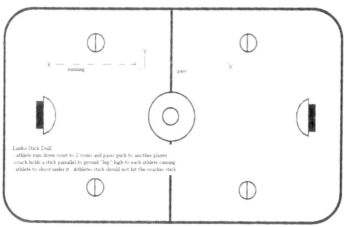

2. 傳球射門練習：

　　球員面對球門排成一直排，一次 1 位，往球門前進。另一排的球員排隊在側邊。第一排的第一位球員傳球給第二排的第一位球員後，跑向前準備接回球，接到第二排傳回的球後往球門的角落射門。每一次練習之後讓球員交換去另外一排排隊，確認所有的球員都有輪流到第一排與第二排。

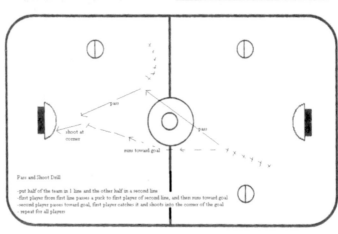

Pass and Shoot Drill
- put half of the team in 1 line and the other half in a second line
- first player from first line passes a puck to first player of second line, and then runs toward goal
- second player passes toward goal, first player catches it and shoots into the corner of the goal
- repeat for all players

3. 篩子射門練習：

　　用黑膠或是塑膠當篩子貼在球門網上，篩子的四個角落切空，讓球員練習射門。

Sieve Shooting Drill

-put vinyl or plastic sieve in front of goal,
athletes shoot at holes to make a goal

注意：更詳細的射門練習請參照完整版的〈地板曲棍球技能教學〉。

防守

防守是幫助自己隊上守門員守住球門的動作。

技能教學

奪回球最簡單的方式是攔截，這也是停止對方得分很好的方法。球員需要用眼睛與身體準備好攔截對方傳球，一旦就位，球員只需要將球桿或是身體站在球的前面就可以攔截它。球員可以揣測對方傳球的方向，再有策略性地去攔截位置做準備。有些對手傳球有一定模式，如果知道模式，便可以更容易攔截對方的傳球。

確認您的球員了解球桿干擾是最佳的搶球方式（請回顧〈球桿干擾〉與〈球桿干擾技能〉）。前鋒應該學會找機會「困住」帶球的對手。「困住」對手時，需要後衛延遲進攻中的球員，同時前鋒由別的方向上前「困住」控球員並搶球，前鋒與後衛的合作如雙人組合一樣。

在場上維持正確的位置可以防範對手得分，所以球員們必須知道什麼時候要站在哪裡跟做什麼。隊員們應該要同心合作來阻礙對手的得分，有策略的站位會讓球隊有組織地應對場上狀況。

後衛：

右後衛要待在場上的右側，左後衛要待在場上的左側。當對手拿到球，右後衛要站在球門區的右前方，左後衛要站在球門區的中間並看著場中的傳球。右後衛應該要介於帶球的對手跟球門之間。如果球在中間，左右後衛應該站在一起，並位於控球的對手跟球門之間。如果球在左側，右後衛應該在球門區的前方並看著場中的傳球。左右後衛應並肩作戰，區域性地防守球門區前空間。

前鋒：

前鋒是全場跑的一個角色。當對手拿到球，中鋒應位於球門的正前

方，與其他兩位後衛一起合作阻擋對手並嘗試搶球，右邊鋒可視狀況協助防守，左邊鋒也是如此，但是左邊鋒待在場地的左側。事實上，地板曲棍球的比賽規則並沒有規定球員一定要站在什麼位置，球員是可以自由在場上移動的，除了球門區以外。但一般來說，球員需要守在自己的位置上。只有攻方的球員可以為了守球門將球桿伸進球門區，其餘的球員（除了守門員之外）都不可以進入球門區。

防守練習

1. 鏡子練習：

　　球員位於球門與教練中間，教練帶球往右移或是往左移時，球員也要跟著同方向移動。教練帶球往前移或是往後移時，球員也要跟著同方向移動。如果球員沒有跟著教練移動，教練可以用指的或是說的來提供方向。

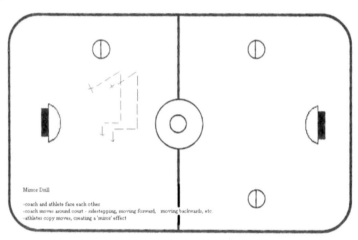

Mirror Drill
-coach and athlete face each other
-coach moves around court - sidestepping, moving forward, moving backwards, etc.
-athletes copy moves, creating a 'mirror' effect

2. 二對一干擾練習：

　　讓球員於場地的一端排成一橫排。3位球員往前站（2位為攻方、1位守方）。哨聲後，所有的球員往場地的另外一端跑。守方守住自己的位置並：1) 延遲攻方球員，2) 搶球，或 3) 阻止攻方射門。

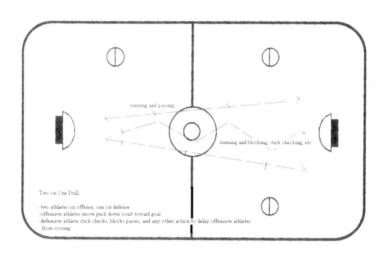

running and passing

running and blocking, stick checking, etc

Two on One Drill

- two athletes on offense, one on defense
- offensive athletes move puck down court toward goal
- defensive athlete stick checks, blocks passes, and any other action to delay offensive athletes from scoring

3. 遠離圈圈練習：

　　球員們圍著一位球員站成一個圓圈互相傳球，中間的球員試圖攔截球。被攔截的球員則換到中間，攔截到球的球員回到圓圈。此練習可有不同種變化：1) 圓圈內加更多人，2) 加球數，3) 圓圈內的人只需要碰到球，或 4) 如果傳球失誤或是擋球失敗，球員就到圓圈中間。

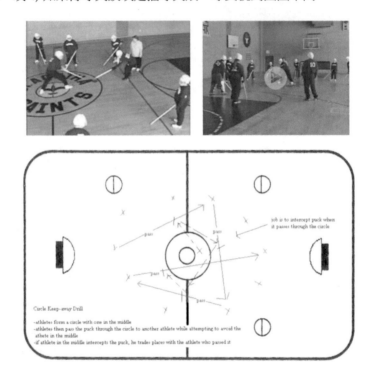

注意：更詳細的防守練習請參照完整版的〈地板曲棍球技能教學〉。

進攻

進攻是控球意圖射門得分的動作。

技能教學

為了控球，3位前鋒需要合作，他們需要注意到場上自己的隊員在哪裡，也需要知道對手在哪裡，因為比賽中所有人都不停地移動。帶球員認識場上的位置應該是您教導球員時的第一件事。球員在練習時，提醒他們要維持在自己的「航道」上。邊鋒的負責區域各自為場上的1/2，所以他們加起來負責整個場地。中鋒則有他們自己的中間「航道」。

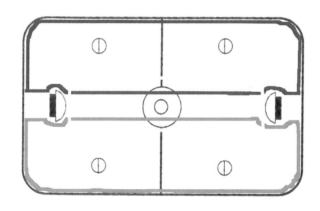

將傳球組合的所需技能分解為個別技能；當球員學了一個技能，再加下一個技能進去，直到他們可以將整個組合串起來。必要時，可以親自教導球員完成組合，等球員會了之後再指引方向。如果傳球組合是由不同的選擇串在一起，又須依照前面狀況而做改變，可以與球員複習有哪一些選擇，再開始練習。將角錐放在場上不同的地方可以幫助球員辨識它。依照球員的能力，從較簡單的組合開始，進而學習較難的組合。這些傳球組合是為了要模擬比賽時會遇到的狀況，透過設計好的情況，幫助球員完成這些傳球組合。

進攻練習

1. 交叉傳球練習：

　　球員排成兩個隊伍，最前面的 2 位球員先一起開始。左邊的球員傳球至右邊的球員前方。右邊的球員邊跑邊接球，並將球回傳至左邊球員的前方。左邊的球員邊跑邊接球，並將球回傳至右邊球員的前方。持續輪流進行這樣的動作直到其中一位球員射門。練習變化的方式有：1) 加守門員，2) 設定時間限制，3) 加防守員（一開始被動），4) 加第三位進攻員，5) 加第二位防守員。

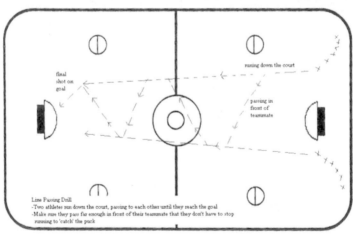

2. 二對二練習：

　　讓球員於場地的兩端排成兩橫排。4位球員向前進（2位進攻、2位防守）。哨聲響起後，進攻員需要傳球給彼此，其他球員朝場地另一端跑去。防守員1) 試圖干擾進攻的球員，2) 試圖擋住進攻員的視線，或3) 試著搶球。當防守員成功地阻礙進攻員並搶球成功，防守員變成為進攻員，原本的進攻員成為防守員。這項練習與一對一練習一樣，只是每次有2位球員合作。

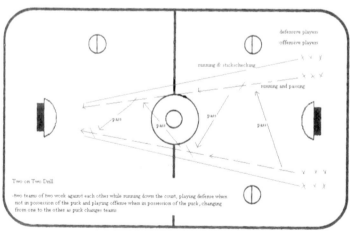

3. 球門附近傳球練習：

　　球員 A 由球門後的右攻角落運球到左攻角落，隊員 B 從右側移動至球門前面接球。球員 A 由球門後面跑至右攻角落接來自於球員 B 的球。球員 B 跑去左攻角落接來自於球員 A 的球。球員 A 跑去球門前接球員 B 的球並射門。此練習最好有時間限制。然後換邊練習，可加追速員。

注意：更詳細的進攻練習請參照完整版的〈地板曲棍球技能教學〉。

守門

守門是於球門區防衛球門並防止球進入球門網內的動作。

技能教學

守門員的基本站姿（預備姿勢）

- 腳同等肩寬，或是護腿墊碰觸。
- 膝蓋與腰微彎，重心往前。
- 背打直，頭抬高，看著前方的動態。
- 球桿桿刃平擺在地上。
- 一手用力握球桿。
- 空手擺在身體側邊，膝高，戴手套，準備擋球。

教學重點

- 眼睛一直注意看球。
- 守門員可以是攻方。
- 護腿墊對準球，並將腿併攏－絕不打開。
- 若跪在地上，儘快恢復站姿。
- 可以抓球的時候就要抓球，並將球儘快給隊友。
- 救球後，讓球停一下。把球給隊員或是放在只有隊員可以拿得到的地方。
- 腳要收在球門區。
- 與隊員溝通。

一位守門員應該要會兩個基本動作：

1. 要很快地在球的前面近距離橫向移動，用橫向步伐。步伐維持短，腳不轉向。橫向跨步的時候，守門員維持在基本站姿。腳不會轉方向。這個跨步適用於若有人帶球到球門後方時，守門員需要快速地在 2 個立柱中間移動。

2. 要與射手面對面時，尤其是射手靠近球門時，守門員會站定，並只轉上半身去面對射手的方向。

3. 為了要將自己擋在射手與球門之間，有時候守門員會需要先轉上半身再橫向移動，有時候先橫向移動再轉上半身。

守門練習

1. 新手守門員練習：

往球門滾一顆排球讓守門員停住。

2. 角度練習：

往球門外面移動去挑釁射手，讓射手射門的空間狹小。練習時，教練可以綁兩條一樣長的繩子在兩根立柱上，往前拉，形成一個三角形。三角形的區域代表是守門員需要防備的區塊。

3. 守門員熱身練習：

隊員射門，守門員練習擋球。讓球員們於球門前 6-8 公尺的地方排成半圓形，每個人有兩顆球，大家依照順序射門，射完半圈後再輪回去射半圈。練習變化：球員跑上去射門，或是等教練指令才射門。

4. 守門員就位練習：

2 位教練或是球員，兩人於球門前 6-8 公尺的兩側，輪流射門。

5. 追蹤球練習：

2-3 位教練或是球員隨意傳球與射門。

6. 網球練習：

守門員暫離牆壁 3 公尺距離，背對教練。教練朝牆壁丟球，守門員要去接球或擋球。

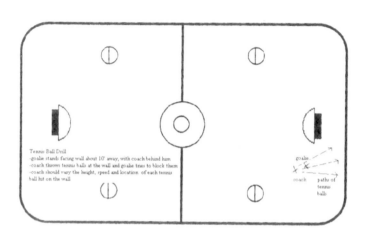

Tennis Ball Drill
-goalie stands facing wall about 10' away, with coach behind him
-coach throws tennis balls at the wall and goalie tries to block them
-coach should vary the height, speed and location of each tennis
ball hit on the wall

goalie

coach   paths of
         tennis
         balls

7. 守門員鏡子練習：

　　教練（務必維持基本站姿）移動，守門員也跟著移動，模仿越快越好。可移動各種不同的方向。

8. 反應練習：

　　哨聲後，守門員要跪下去地板上好像要擋球一樣。第二個哨聲，守門員恢復站姿。教練每次的哨聲間隔時間應該要長短不一。

特殊奧林匹克：

地板曲棍球——運動項目介紹、規格及教練指導準則
Floor Hockey：Special Olympics Coaching Guide

作　　　者／國際特奧會（Special Olympics International，SOI）
翻　　　譯／L.C.
出 版 統 籌／中華台北特奧會（Special Olympics Chinese Taipei，SOCT）

總　編　輯／賈俊國
副 總 編 輯／蘇士尹
編　　　輯／高懿萩
行 銷 企 畫／張莉滎‧蕭羽猜‧黃欣

發　行　人／何飛鵬
出　　　版／布克文化出版事業部
　　　　　　台北市中山區民生東路二段 141 號 8 樓
　　　　　　電話：(02)2500-7008 傳真：(02)2502-7676
　　　　　　Email：sbooker.service@cite.com.tw
發　　　行／英屬蓋曼群島商家庭傳媒股份有限公司城邦分公司
　　　　　　台北市中山區民生東路二段 141 號 2 樓
　　　　　　書虫客服服務專線：(02)2500-7718；2500-7719
　　　　　　24 小時傳真專線：(02)2500-1990；2500-1991
　　　　　　劃撥帳號：19863813；戶名：書虫股份有限公司
　　　　　　讀者服務信箱：service@readingclub.com.tw
香港發行所／城邦（香港）出版集團有限公司
　　　　　　香港灣仔駱克道 193 號東超商業中心 1 樓
　　　　　　電話：+852-2508-6231　　傳真：+852-2578-9337
　　　　　　Email：hkcite@biznetvigator.com
馬新發行所／城邦（馬新）出版集團 Cité (M) Sdn. Bhd.
　　　　　　41, Jalan Radin Anum, Bandar Baru Sri Petaling,
　　　　　　57000 Kuala Lumpur, Malaysia
　　　　　　電話：+603- 9057-8822　　傳真：+603- 9057-6622
　　　　　　Email：cite@cite.com.my
印　　　刷／韋懋實業有限公司
初　　　版／2022 年 12 月
售　　　價／新台幣 300 元
I S B N／978-626-7256-24-4
E I S B N／978-626-7256-03-9（EPUB）

城邦讀書花園　布克文化
www.cite.com.tw　WWW.SBOOKER.COM.TW